MENTOR LERN-HILFE

Band 520

Deutsch

8.–10. Klasse

Aufsatzschreiben 2

Gedichtinterpretation

Erörterung

Mit Musteraufsätzen und ausführlichem Lösungsteil zum Heraustrennen

Mit Lerntipps!

Edda Presser

Mentor Verlag München

Über die Autorin:
Edda Presser, Studiendirektorin, Lehrerin für Deutsch, Englisch und Ethik an einem Gymnasium; Fachbetreuung für Deutsch

Lerntipps:
Alexander Geist, staatlicher Schulpsychologe an einem Gymnasium

Redaktion: Elisabeth Güll

Illustrationen: Karin Fritschi, Hamburg

Layout: Barbara Slowik, München

Titelgestaltung: Iris Steiner, München

Umwelthinweis: Gedruckt auf chlorfrei gebleichtem Papier.

Auflage:	6.	5.	4.	3.	2.	Letzte Zahlen
Jahr:	2001	2000	1999	98	97	maßgeblich

© 1997 by Mentor Verlag Dr. Ramdohr KG, München

Das Werk und seine Teile sind urheberrechtlich geschützt. Jede Verwertung in anderen als den gesetzlich zugelassenen Fällen bedarf deshalb der vorherigen schriftlichen Einwilligung des Verlages.

Druck: Landesverlag Druckservice, Linz
Printed in Austria • ISBN 3-580-63520-4

Inhalt

Vorwort		5
A.	**Gedichtinterpretation**	7
1.	Gedichtinterpretation – muss das sein?	7
2.	Lyrik – was ist das eigentlich?	8
3.	Ein Gedicht lesen – auch das will gelernt sein!	9
4.	Den Text eines Gedichtes beschreiben	11
	4.1 Der äußere Aufbau	12
	4.2 Der Reim	13
	4.3 Das Metrum	16
	4.4 Merkmale der lyrischen Sprache	23
5.	Das Erfassen des Inhalts und das Verbinden mit der Form	28
6.	Der Aufbau einer Interpretation	31
7.	Das Gedicht in seiner Epoche	33
	7.1 Arbeiten mit einer Literaturgeschichte	34
	7.2 Das Barockgedicht	36
	7.3 Das Gedicht im Sturm und Drang	42
	7.4 Das moderne Gedicht	47
8.	Wichtige Begriffe zur Gedichtinterpretation	54
B.	**Erörterung**	59
1.	Was heißt erörtern?	59
2.	Die verschiedenen Formen der Erörterung	62
	2.1 Die dialektische Erörterung	62
	2.2 Die Belegerörterung oder steigernde Erörterung	62
	2.3 Die Erörterung anhand von Texten	63
	2.4 Die literarische Erörterung	63
	2.5 Den Thementyp erkennen – Üben hilft weiter!	64
	2.6 Mögliche Schwierigkeiten beim Erkennen des Typs	65
3.	Das Thema eingrenzen und aufschlüsseln	67
	3.1 Themen beurteilen	68
	3.2 Material für schwierige Themen finden	70
4.	Stoff sammeln und ordnen	71
5.	Die Gliederung erstellen	77
	5.1 Oberpunkte sinnvoll anordnen	77
	5.2 Die Gesamtgliederung	79
	5.3 Ideen für die Gestaltung von Einleitung und Schluss	82
	5.4 Übungsteil	82
6.	Die richtige Zeiteinteilung und andere praktische Tipps	87
7.	Die Erörterung ausformulieren	89
	7.1 Richtig argumentieren	89
	7.2 Die Textteile miteinander verknüpfen	97
	7.3 Der richtige Stil	103

8.	**Die textgebundene Erörterung**	**108**
	8.1 Variante 1: Die Texterörterung, bei der der Text nur Beigabe ist..	108
	8.2 Variante 2: Die Texterörterung als Teil einer Textanalyse	109
	8.3 Variante 3: Die Texterörterung ohne detaillierte Arbeitsaufträge	115
9.	**Wichtige Begriffe aus dem Sachgebiet Textsorten**	**119**

Die wichtigsten Kommaregeln	121
Lerntipps	126
Quellenhinweise	133
Stichwortverzeichnis	135
Lösungsteil	137

Benutzerhinweise

TiPP — Hier findest du praktische Hinweise, die die Arbeit erleichtern sollen.

Regel — Hier findest du wichtige Erklärungen und Grundregeln zum Lernen.

! — Hier findest du Kurzdefinitionen und Merksätze.

Übung A1 (me) — Diese Übung kannst du direkt ins Buch machen. Vorgezogene Schreiblinien zeigen dir, wie viel Platz du hast.

Übung A4 — Diese Übung kannst du in ein Heft oder auf einen Block schreiben.

Liebe Schülerin, lieber Schüler!

Genau dir ist dieses Buch gewidmet, wenn du für **Gedichtanalyse** und **Erörterung** Hilfestellung und Tipps suchst. In **kleinen Schritten** wollen wir uns dem Ziel nähern, damit du dich in den Techniken beider Aufsatzarten sicher fühlst und damit du Erfolg hast.

Und so ist das Buch aufgebaut:

1. Es besteht aus **drei Teilen**; dem **Gedichtteil (A)**, dem **Erörterungsteil (B)** und dem **Lösungsteil** (für Übungen aus A und B).
   Willst du dich über die **Erörterung** informieren, beginne auf **Seite 59**; interessiert dich nur die **Gedichtinterpretation**, dann befasse dich mit den **Seiten 7 bis 53**. Bereits bekannte Kapitel oder Inhalte überblättere einfach.

2. Für die **Übungen** findest du **zwei Symbole**:

   Das erste **Symbol ohne Heft** weist darauf hin, dass du die Übung direkt **ins Buch** schreiben kannst. Schreiblinien dafür sind bereits vorhanden. Das zweite **Symbol mit Heft** sagt dir, dass du die Übung **in ein Übungsheft** oder auf einen Block o. ä. schreiben solltest. Zu allen Übungen findest du **Hinweise und Musterlösungen im Lösungsteil (ab S. 137)** unter der entsprechenden Nummer.

3. Am Ende des jeweiligen Hauptteils sind auf den **Seiten 54–58 und 119–120** die **wichtigsten Fachbegriffe**, die du zur Interpretation und Erörterung brauchst, alphabetisch aufgelistet und erklärt. Du kannst also immer wieder nachlesen und dich über schwierige Begriffe erneut informieren.

Noch **zwei Tipps** zum Schluss: Mache dir einen **Wochenarbeitsplan**, der festlegt, wieviel Zeit du an bestimmten Tagen für die Arbeit an diesem Buch verwenden willst. Und: Plane unbedingt **Pausen** ein nach jedem Arbeitspensum!

Und nun kommt es auf dich an – deine Bereitschaft, die kleinen Schritte zu tun, deine Ausdauer – du wirst sehen, du schaffst die ganze Strecke!

E. Presser

P. S. Übrigens, der Text dieses Bandes entspricht – mit Ausnahme der Originalzitate – der neuen Rechtschreibung.

Gedichtinterpretation

1. Gedichtinterpretation – muss das sein?

„Ene, mene, miste,
es rappelt in der Kiste ..."
„Eck, deck, Speck
und du bist weg!"

Originaltext

Solche Abzählverse kennst du sicher und wahrscheinlich auch einige der gefühlvollen und moralisierenden Tagebuchsprüche:

„Rosen, Tulpen, Nelken,
alle Blumen welken,
nur die eine welket nicht,
und die heißt: Vergissmeinnicht!"

Originaltext

„Sei wie das Veilchen im Moose,
Bescheiden, sittsam und rein,
Nicht wie die stolze Rose,
Die immer bewundert will sein."

Hier hast du – zum alltäglichen Gebrauch – die allereinfachsten Beispiele der Gattung Lyrik vor dir; sie sind so simpel, dass man sie nicht lange untersuchen oder gar deuten müsste.

Du fragst dich vielleicht:

Müssen Gedichte überhaupt interpretiert werden?
Sind das nicht Gebilde, die man nur genießen, bewundern, aber nicht analysieren sollte?

Zerstört man sie nicht sogar, wenn man sie „zerpflückt"? Gilt vielleicht der Spruch:

„Fragste die Lilie, die Rose
Warumse, weshalbse, wiesose?"

Originaltext

Oder hat Bertolt Brecht recht, wenn er in seinem Aufsatz „Über das Zerpflücken von Gedichten" meint: „Gedichte sind, wenn sie überhaupt lebensfähig sind, ganz besonders lebensfähig"?

Möglicherweise hältst du es mit H. M. Enzensberger, der in einer Glosse – an Lehrer gerichtet – augenzwinkernd geschrieben hat: „Bekämpfen Sie das hässliche Laster der Interpretation! Bekämpfen Sie das noch viel hässlichere Laster der richtigen Interpretation! Zwingen Sie nie einen wehrlosen Menschen, den Mund aufzusperren und ein Gedicht hinunterzuschlingen, auf das er keine Lust hat!"

Über Sinn und Problematik der Gedichtinterpretation könnte man lange diskutieren. Dreierlei läßt sich dazu sagen:

1. Es gibt Gedichtformen und Gedichtaussagen, denen du nur näher kommst, wenn du sie genau betrachtest. Sie öffnen sich dann wie Blumen und zeigen dir ihr Inneres: Du wirst überrascht sein, wie spannend dieser Vorgang sein kann!

2. Die Lehrpläne verlangen von dir, dass du – ausgestattet mit dem entsprechenden Handwerkszeug (den Fachbegriffen und Fachmethoden) – Gedichte analysieren kannst. Und du musst diese Tatsache akzeptieren.

3. Es will dich aber niemand zwingen, ein Gedicht „hinunterzuschlingen". Du sollst vielmehr in ganz kleinen, einfachen Schritten lernen, wie man mit Gedichten umgeht. Du brauchst (fast) keine Vorkenntnisse. Ganz wichtig ist deine Bereitschaft, dich den Texten zu öffnen, sie auf dich wirken zu lassen!

2. Lyrik – was ist das eigentlich?

Stelle dir zunächst vor, wir würden alles sammeln, was Dichter je geschrieben haben; das ergäbe einen Riesenberg an Geschriebenem und Gedrucktem!

Wenn wir in diese Ansammlung etwas Ordnung bringen wollen, können wir drei große Gruppen bilden:

        Epik   **Dramatik**   **Lyrik**

Wir nennen diese drei Gruppen **Gattungen.**

Zur **Epik** gehört alles, was Dichter in Prosa geschrieben haben: also z. B. Anekdoten, Kurzgeschichten, Novellen und Romane.

Die **Dramatik** umfasst alle Theaterstücke oder **Dramen**; sie sind für eine Aufführung auf einer Bühne gedacht.

Lyrik ist die Bezeichnung für Texte, die meist kürzer sind und die eine ganz besondere, konzentrierte Sprache aufweisen.

Dass der Begriff „Lyrik" sich von dem griechischen Begriff für Leier ableitet, deutet darauf hin, dass lyrische Texte (= Gedichte) mit der Musik verwandt sind: Gedichte sind klingende Gebilde, vor allem beim Lesen.

Manche Gedichte – nicht alle – sind gereimt und stehen in einem festen Versmaß (Metrum*). Drucktechnisch fällt auf, dass die Zeilen der Gedichte nicht ganz gefüllt sind und dass in vielen lyrischen Texten Zeilen zu Abschnitten oder Strophen zusammenrücken.

* Keine Angst! Die hier verwendeten Begriffe „Reim, Metrum, Abschnitt, Strophe" wirst du auf den nächsten Seiten ganz genau kennenlernen; die besonderen Merkmale der lyrischen Sprache behandelt Kap. 4.4, S. 23–27.

3. Ein Gedicht lesen – auch das will gelernt sein!

Wir nähern uns dem Gedicht mit dem **Lesen**. Du glaubst gar nicht, wie wichtig es ist. Du lernst dadurch den Text richtig kennen und kannst ihn anschließend viel leichter und schneller untersuchen. Du wirst beim Lesen feststellen, dass das Gedicht ein Klanggebilde ist – keine Ansammlung lebloser Wörter!

1. Lies das Gedicht zunächst einmal leise.

2. Bearbeite es dann mit einem farbigen Stift.
   Setze dieses Zeichen / , wo du eine kleine, und dieses Zeichen // , wo du eine große Pause machen willst.
   Zeige mit einem Zeichen ʌ oder zwei Zeichen ʌʌ an, wenn ein inhaltlicher Höhepunkt betont werden soll.
   Überlege dir, welche Teile du schneller, welche du langsamer lesen willst.

3. Beachte, dass bei vielen Gedichten der Satz am Ende einer Zeile nicht zu Ende ist; markiere dies durch ein Häkchen ‿ . Senke dann am Ende der Zeile deine Stimme noch nicht, sondern erst, wenn der Satz endet.

4. Und nun lies das vorbereitete Gedicht laut und langsam (vielleicht findest du auch einen Zuhörer, das wäre ideal!).

5. Habe Mut zu **langen Pausen,** wo es zum Text passt. Das klingt ganz einfach, ist aber in Wirklichkeit sehr schwer durchzuführen, weil man bei Pausen immer das Gefühl hat, die anderen denken, man ‚wüsste nicht mehr weiter'.

6. Betone **natürlich,** übertreibe nicht – das wirkt sonst etwas affig.

Gedichte lesen

Und so könnte ein zum Lesen vorbereitetes Gedicht aussehen:

Originaltext | **Raubritter**

langsam

Zwischen Kraut und grünen Stangen
Jungen Schilfes steht / der Hecht, /
Mit Unholdsaugen im Kopf, dem langen, /
Der Herr der Fische und Wasserschlangen, /
Mit Kiefern, gewaltig wie Eisenzangen,
Gestachelt die Flossen: // Raubtiergeschlecht. //

schneller und lauter

Unbeweglich /, uralt, / aus Metall, /
Grünspanig von tausend Jahren. //
Ein Steinwurf! Wasserspritzen und Schwall: //
Er ist blitzend davongefahren.

langsamer

Butterblume, Sumpfdotterblume, feurig, gelblichrot,
Schaukelt auf den Wasserringen / wie ein Seeräuberboot.

(Georg Britting)

Hast du es gelesen? Bist du mit diesem Vorschlag einverstanden, oder würdest du an einigen Stellen lieber anders vorgehen?

Das ist ganz in Ordnung. Es gibt nicht **die** Vortragsweise, **die** Betonung. Du hast das Recht, deine eigene Bearbeitung vorzutragen.

! Vermeiden solltest du allerdings zwei Fehler, die häufig gemacht werden:
– **Leiern,** d.h. gleichmäßiges, stimmlich langweiliges Vortragen, das keine Höhepunkte erkennen lässt, und
– **zu schnelles Lesen,** weil der Text dann weder auf dich noch auf den Zuhörer wirken kann.

Übung A1

Und nun versuche einmal, selbst ein Gedicht zum Lesen vorzubereiten. Damit es nicht zu schwierig wird, wählen wir einen Text desselben Autors.

Originaltext | **Fröhlicher Regen**

1   Wie der Regen tropft, Regen tropft,
    An die Scheiben klopft!
    Jeder Strauch ist naß bezopft.

    Wie der Regen springt!
5   In den Blättern singt
    Eine Silberuhr.
    Durch das Gras hinläuft,
    Wie eine Schneckenspur,
    Ein Streifen weiß beträuft.

Gedichte lesen

10   Das stürmische Wasser schießt
In die Regentonne,
Daß die überfließt,
Und in breitem Schwall
Auf den Weg bekiest
15   Stürzt Fall um Fall.

Und der Regenriese,
Der Blauhimmelhasser,
Silbertropfenprasser,
Niesend faßt er in der Bäume Mähnen,
20   Lustvoll schnaubend in dem herrlich vielen Wasser.

Und er lacht mit fröhlich weißen Zähnen
Und mit kugelrunden, nassen Freudentränen.

(Georg Britting)

Die Lösung für diese Übung wie auch für alle zukünftigen Übungen findest du im Lösungsteil ab S. 137.
In den folgenden Kapiteln wirst du noch einige Gedichte kennenlernen. Versuche stets, sie zuerst zum „Klingen" zu bringen, indem du sie laut liest. Dann erst wende dich dem nächsten Schritt zu: der Beschreibung des Textes.

4. Den Text eines Gedichtes beschreiben

Meist werden dir bei einer Aufgabe zur Textbeschreibung einige Fragen gestellt; erst in der Oberstufe kannst du frei entscheiden, wie du bei einer Gedichtinterpretation vorgehen und wo du deine Schwerpunkte setzen willst. Ein erster Arbeitsauftrag könnte lauten:

Beschreibe den äußeren Aufbau des Gedichtes und bestimme Reim und Metrum! | *Aufgabenbeispiel*

Um diesen Auftrag erfüllen zu können, brauchst du eine klare Vorstellung von den verwendeten Begriffen. Deshalb müssen wir hier drei kleine Lernkapitel zu **Aufbau, Reim** und **Metrum** einschieben; ein viertes Kapitel, das die Merkmale der lyrischen Sprache behandelt, schließt sich an.

4.1 Der äußere Aufbau

Viele Gedichte sind in Strophen gegliedert, manche in Abschnitte, manche sind ungegliedert.

> **Regel**
>
> Eine **Strophe** besteht aus mehreren **Verszeilen,** die eine Einheit bilden. Man verwendet den Begriff Strophe nur dann, wenn es sich wiederholt um dieselbe Anzahl von Verszeilen handelt. Ist dies nicht der Fall (sind also die Verszeilen unregelmäßig „gebündelt"), spricht man von **Abschnitten.** Gibt es keine Strophen oder Abschnitte, nennt man das Gedicht **ungegliedert.**

Beispiel | *Für unser Gedicht „Raubritter" (vgl. S. 10) kann man feststellen: Dieses Gedicht von G. Britting ist in drei Abschnitte gegliedert, von denen der erste 5, der zweite 4 und der dritte Abschnitt 2 Zeilen umfasst.*

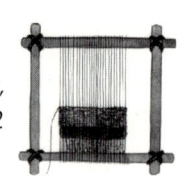

Übung A 2a

Den nächsten Schritt unternimmst du allein; schau dir die Gedichte „Fröhlicher Regen" und „Wolken, Wind und Wälder weit" (von S. v. Vegesack) hinsichtlich ihres Aufbaus an und formuliere das Ergebnis:

„Fröhlicher Regen" (Text Seite 10 f.)

Das Gedicht von Britting _____

gegliedert, von denen _____

_____

_____ .

Übung A 2b

Originaltext

1   **Wolken, Wind und Wälder weit**

    Wolken, Wind und Wälder weit,
    Heimat ohne Grenzen.
    Rund wölbt sich die Ewigkeit,
5 Wenn die Sterne glänzen.

    Wolken sind mein Traumgefild,
    Wind und Sturm – Genossen,
    Wälder – Heimat, Urgebild,
    Dem ich einst entsprossen.

10 Rund wölbt sich die Ewigkeit,
    Wenn die Sterne glänzen.
    Wolken, Wind und Wälder weit –
    Heimat ohne Grenzen.

(Siegfried von Vegesack)

Das Gedicht von Vegesack besteht aus _____

mit je _____ .

Bei Gedichten, die nicht untergliedert sind, formulierst du so:

Das vorliegende Gedicht ist nicht in Strophen untergliedert, es besteht aus ... Zeilen. | *Beispiel*

Auf die vielen unterschiedlichen Strophenformen mit ihren Eigenheiten und Bezeichnungen wollen wir hier nicht eingehen, damit du nicht verzweifelst! Du kannst sie bei Bedarf im Lexikon der „Wichtigen Begriffe", Kap. 8, S. 54–58 nachschlagen.

4.2 Der Reim

Mache einmal folgenden kleinen Versuch: Frage einige Freunde oder Bekannte, was sie unter einem Gedicht verstehen. Ich wette mit dir, dass du in acht von zehn Fällen die Antwort erhältst: ‚Ein Gedicht ist etwas, das sich reimt.'

Oho, denkst du, dann wären „Eck, deck, speck ..." und „Ich und du/Müllers Kuh/Müllers Esel/der bist du!" auch richtige Gedichte. Doch so einfach ist die Sache nicht.

Ein Gedicht kann **Reim enthalten oder nicht.** Der Reim allein macht noch kein Gedicht (sonst wären beispielsweise viele Werbeslogans Gedichte!).

Was ist das überhaupt – ein Reim? In der heutigen Zeit bedeutet Reim meist **Endreim,** und mit dem wollen wir uns befassen. (Es gibt bzw. gab noch Stabreim und Binnenreim, in der althochdeutschen und mittelhochdeutschen Literatur.) Man definiert (bestimmt) den Endreim folgendermaßen:

> **Endreim** ist der **Gleichklang von Wörtern** am **Ende** einer Verszeile vom letzten betonten Vokal an.

Regel

Das klingt komplizierter als es ist. Das zeigt dir ein Beispiel (vgl. das Gedicht von Britting S. 10 f.):

Wie der Regen tr**opft**,
An die Scheiben kl**opft**. | *Beispiel*

Der letzte betonte Vokal ist ‚o', ‚opft' ist in beiden Verszeilen identisch. Man spricht hier von einem **reinen Endreim.**

Aufbau und Form eines Gedichts

Es gibt aber auch **unreine Endreime**, z. B. (vgl. „Willkommen und Abschied", S. 46):

Beispiel

Ein rosenfarbes Frühlings**wetter**
...
Und Zärtlichkeit für mich, ihr **Götter**

Du merkst schon: Bei diesen unreinen Reimen ist der Gleichklang nicht ganz vollständig; die Laute sind einander nur **ähnlich.**

Bei der Gedichtanalyse benennen wir die Reime mit fortlaufenden kleinen Buchstaben: a, b, c, d, e usw.; gleiche Reime erhalten den gleichen Buchstaben, etwa: aa/bb/cc. Die Reime bilden häufig gewisse Muster, die du erkennen und bestimmen musst. Die drei wichtigsten Muster sind die folgenden (vgl. das Gedicht „Fröhlicher Regen" nächste Seite):

Beispiel

Wie der Regen springt!   a
In den Blättern singt ...   a

Die beiden Reime bilden ein Paar; wir sprechen von einem **Paarreim.**

Beispiel

Dass die überfließt   a
Und in breitem Schwall   b
Auf den Weg bekiest   a
Stürzt Fall um Fall.   b

Hier überkreuzen sich die Reime, wir nennen diese Erscheinung einen **Kreuzreim.**

Nehmen wir an, die Zeilen sind so angeordnet:

Beispiel

Dass die überfließt   a
Und in breitem Schwall   b
Stürzt Fall um Fall   b
Auf den Weg bekiest.   a

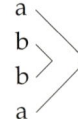

In diesem Fall liegt ein **umarmender Reim** vor.

> **Regel**
>
> Das Muster, nach dem Reime in einem Gedicht angeordnet sind, nennt man **Reimschema.** Die drei häufigsten Schemata sind:
> – Paarreim
> – Kreuzreim
> – umarmender Reim

Übung A3

Versuche folgende drei Fragen zu beantworten, ohne nachzuschauen. Gelingt es dir nicht, musst du das Kapitel 4.2 noch einmal durcharbeiten, denn die Begriffe sind wichtig und gehören zu deinem unverzichtbaren ‚Handwerkszeug'.

1. Was versteht man unter Reim?
2. Welches sind die wichtigsten Reimschemata?
3. Wie beschreibst du ein Reimschema?

Nach so viel Theorie sollst du jetzt überprüfen, ob du den Reim in der Praxis bestimmen kannst. Wir verwenden unsere drei bekannten Gedichte. Damit du eine Hilfestellung hast, wollen wir den „Fröhlichen Regen" gemeinsam bearbeiten:

Fröhlicher Regen   *Originaltext*

1	Wie der Regen tropft, Regen tropft,	a
	An die Scheiben klopft!	a
	Jeder Strauch ist naß bezopft.	a
	Wie der Regen springt!	b
5	In den Blättern singt	b
	Eine Silberuhr.	c
	Durch das Gras hinläuft,	d
	Wie eine Schneckenspur,	c
	Ein Streifen weiß beträuft.	d
10	Das stürmische Wasser schießt	e
	In die Regentonne,	f
	Daß die überfließt,	e
	Und in breitem Schwall	g
	Auf den Weg bekiest	e
15	Stürzt Fall um Fall.	g
	Und der Regenriese,	h
	Der Blauhimmelhasser	i
	Silbertropfenprasser,	i
	Niesend faßt er in der Bäume Mähnen,	j
20	Lustvoll schnaubend in dem herrlich vielen Wasser	i
	Und er lacht mit fröhlich weißen Zähnen	j
	Und mit kugelrunden, nassen Freudentränen.	j

Aufbau und Form eines Gedichts

Du kannst jetzt folgendermaßen formulieren:

Lösungsbeispiel | *Das vorliegende Gedicht enthält reine Endreime nach dem Schema: aaa/bbc/dcd/efe/geg/hiiji/jj. Britting verwendet Paarreime (Z.1/2, 4/5; 17/18; 21/22) und Kreuzreime (Z. 6 – 9; Z. 12 – 14).*

Du siehst sicher: In diesen zwei Sätzen steckt eine Menge Arbeit!

Versuche nun selbst dein Glück mit den beiden Gedichten von Vegesack und Britting:

Übung A4

Bestimme das Reimschema für „Wolken, Wind und Wälder weit" sowie „Raubritter" – die Gedichte stehen auf Seite 12 und Seite 10.

4.3 Das Metrum

In diesem Kapitel wird es etwas schwieriger, du brauchst Geduld und Lernbereitschaft. Ich kenne nämlich nur ganz wenige Schüler, die gerne das Metrum bestimmen, die meisten halten es für eine lästige Pflicht. Für dich möchte ich aber erreichen, dass du Fachfrau/Fachmann wirst und ganz lässig sagen kannst: „Ach, das Metrumbestimmen ist halb so schlimm!" – Lies deshalb aufmerksam folgende Hinweise:
Ich habe schon am Anfang davon gesprochen, dass ein Merkmal des Lyrischen die Gebundenheit der Sprache sein kann. Gebunden woran, wodurch? Zunächst ganz allgemein: Die Sprache eines Gedichtes kann gebunden sein durch eine erkennbare, **regelmäßige Abfolge** von **betonten** und **unbetonten Silben** in den Verszeilen. Diese Abfolge nennt man **Versmaß** oder **Metrum**. (Dieser Ausdruck kommt aus dem Griechischen und heißt dort auch nichts anderes als „Maß".)

Regel

Viele Gedichte (nicht alle) enthalten ein erkennbares Metrum. Man kann auch sagen: **Viele Gedichte sind metrisch gebunden.**

Die **betonte Silbe** bezeichnet man als **Hebung** und verwendet für sie das Zeichen ´ Die **unbetonte Silbe** nennt man **Senkung**; für sie steht das Zeichen ˘ .

Je eine Hebung und mindestens eine Senkung bilden zusammen einen **Takt** ˘ ´ . Die einzelnen Takte werden durch einen senkrechten Strich voneinander getrennt.
Bei der Untersuchung des Metrums zählen wir die Takte in einer Zeile; hat die Zeile z. B. vier Takte (und damit 4 Hebungen), so ist sie **vierhebig**, hat sie zwei Takte, ist sie **zweihebig**.

Bevor wir uns den verschiedenen Taktarten zuwenden, noch ein Hinweis auf einen Begriff, mit dem du die Bezeichnung Metrum nicht verwechseln solltest: Rhythmus. In der Literaturbetrachtung weist er darauf hin, ob ein Text/ein Gedicht sich flüssig oder stockend lesen lässt (= fließender oder stockender Rhythmus), ob es feierlich – ernst oder tänzerisch – fröhlich wirkt. Rhythmus ist also allen Gedichten eigen, du spürst ihn beim Lesen. Das Metrum dagegen ist ein festes Betonungsmuster.

Jetzt sollst du die vier Formen des Metrums kennenlernen.

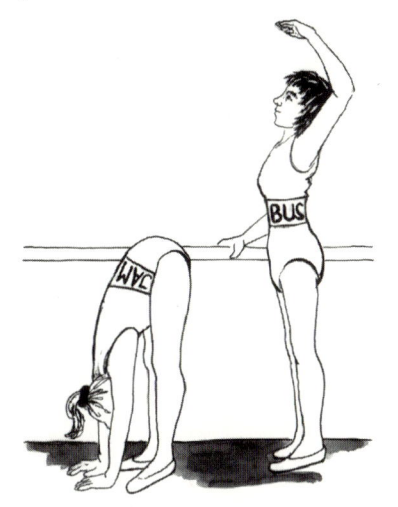

1. Taktart: der Steiger oder **Jambus**;
er beginnt mit einer Senkung, der eine Hebung folgt (er ‚steigt' sozusagen von der Senkung auf!). Die Figur für den Jambus sieht so aus: ⌣ /
Folgen mehrere Jamben (Pluralform) aufeinander, so ergibt sich folgendes Betonungsmuster: ⌣ / / ⌣ / / ⌣ / /

Ein Männlein steht im Walde | *Metrikbeispiel*

2. Taktart: der Faller oder **Trochäus**;
er beginnt mit einer Hebung, der eine Senkung folgt (er ‚fällt' von der Hebung zur Senkung hin ab!).
Die Figur für den Trochäus sieht so aus: / ⌣
Folgen mehrere Trochäen (Plural) aufeinander, entsteht die Zeichenfolge / ⌣ / / ⌣ / / ⌣ /

Rosen, Tulpen, Nelken,
Alle Blumen welken ... | *Metrikbeispiel*

Aufbau und Form eines Gedichts

3. Taktart: der Doppelsieger oder **Anapäst**;
er beginnt mit zwei Senkungen, denen eine Hebung folgt.
Seine Figur: ⌣⌣́
Eine Abfolge von mehreren Anapästen:
⌣⌣́/⌣⌣́/⌣⌣́/

Metrikbeispiel | Wenn das Abendrot niedergesunken
Keine freudige Farbe mehr spricht ...

(Brentano)

TiPP | Merke dir das Muster das Anapäst daran, wie der Ausdruck betont wird:
⌣⌣́
Anapäst

4. Taktart: der Doppelfaller oder **Daktylus**;
er heißt so, weil auf eine Hebung zwei Senkungen folgen, er sozusagen doppelt absinkt. Seine Figur: ́⌣⌣
Eine Folge von Daktylen (Plural): ́⌣⌣/́⌣⌣/́⌣⌣/

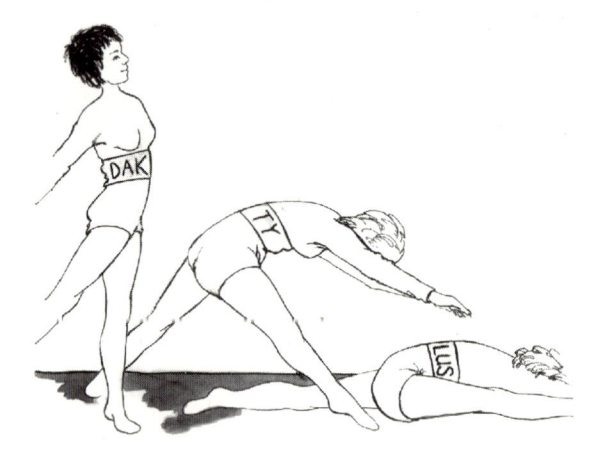

Metrikbeispiel | Pfingsten, das liebliche Fest, war gekommen ...

TiPP | Auch das Muster des Daktylus ergibt sich aus der Betonung des Wortes:
Daktylus

Aufbau und Form eines Gedichts

So einleuchtend die deutschen Begriffe (Steiger, Faller ...) auch sind: Fast alle Lehrer verlangen von dir, dass du die aus dem Griechischen stammenden Fachbegriffe verwendest!
Du musst sie also wie Vokabeln lernen.

Wie erkennt man, ob ein Gedicht metrisch gebunden ist oder nicht?

Viele Schüler geraten bei der Bestimmung des Metrums in Verzweiflung und sagen: Ich erkenne gar nicht, ob hier ein Metrum vorliegt! Ich kann das einfach nicht!
Diese Haltung solltest du nicht einnehmen, denn du blockierst dich damit selbst.
Ich empfehle dir folgende Schritte:

1. Lies den Text mehrmals laut (wie in Kap. 3 besprochen!).
2. Probiere dann vorsichtig aus, ob du ein regelmäßiges Wiederkehren von betonten und unbetonten Silben erkennen kannst.
3. Versuche als nächstes, bei Hebungen laut in die Hände zu klatschen, bei Senkungen leise.
4. Ergibt sich beim Klatschen ein gewisses Muster, ist der Text **metrisch gebunden,** zeigt sich kein Muster, ist er ohne Metrum, also **metrisch ungebunden.**
5. Jetzt mußt du nur noch feststellen, um welche unserer Taktarten es sich handelt: Jambus, Trochäus, Daktylus oder Anapäst!

Wenn ein reines, regelmäßiges Metrum vorliegt (also entweder nur Jamben oder Trochäen, Daktylen, Anapäste), sprechen wir von einem **alternierenden Metrum.**

Können wir kein Metrum feststellen, nur den natürlichen Rhythmus, handelt es sich um sogenannte **freie Rhythmen** (vgl. S. 56), einen **metrisch ungebundenen Text.**

Einen Blick müssen wir noch auf das **Zeilenende** werfen. Nehmen wir einmal an, du hast alle vier Taktarten gelernt und kannst sie im Text erkennen und eintragen. Du wirst feststellen, dass es für das Zeilenende zwei Möglichkeiten gibt: Entweder die Zeile endet mit einer betonten Silbe oder die letzte Silbe ist unbetont.

Das stürmische Wasser schießt
In die Regentonne,
Daß die überfließt ...

Metrikbeispiel

Die erste Zeile des Beispiels endet **betont**, man spricht hier von einem **männlichen** oder **stumpfen** Ende der Zeile; abgekürzt **m.** Die zweite Zeile endet mit einer **unbetonten** Silbe; dieses Zeilenende nennen wir **weiblich** oder **klingend**; abgekürzt **w.**
(Ich habe mich bei den Abkürzungen für das Begriffspaar männlich – weiblich entschieden; du kannst aber auch st (stumpf) und kl (klingend) verwenden.)

Aus dem Metrumkapitel sollten jetzt folgende Begriffe klar und verwendbar sein:

**Rhythmus, Metrum, Hebung, Senkung,
Jambus, Trochäus, Anapäst, Daktylus,**

metrisch ungebundener Text,

männliche und **weibliche Zeilenenden.**

Und so gehst du vor, wenn du einen Gedichttext auf Metrum und Zeilenende hin untersuchen willst:

1. Verwende zum Einzeichnen der metrischen Zeichen (der Hebungen und Senkungen) einen Bleistift; so kannst du leichter verbessern, wenn du dich einmal geirrt hast.
   Zähle die Hebungen in jeder Zeile und schreibe sie rechts neben die Zeile (also z. B. 3-hebig/4-hebig ...).

2. Stelle fest, ob die Zeile männlich (m) oder weiblich (w) endet; trage die Abkürzung ebenfalls auf deinem Textblatt ein. Das erleichtert das spätere schriftliche Formulieren.

3. Bei kürzeren Gedichten (3–4 Strophen) solltest du Metrum und Ende aller Zeilen überprüfen; bei sehr langen Gedichten (z. B. Balladen) reicht vor allem in der Schulaufgabe die Zeit dafür nicht. Beschränke dich darauf, die ersten und letzten beiden Strophen zu untersuchen (weise aber in der schriftlichen Formulierung auf diese Einschränkung hin).

Und nun kann es endlich losgehen mit der Anwendung des Gelernten! Wir wollen an einem Gedicht, das du bereits kennst („Wolken, Wind und Wälder weit" vgl. S. 12), erproben, ob die Begriffe ‚sitzen'.

1 Wolken, Wind und Wälder weit,	4-hebig	m	*Originaltext*
Heimat ohne Grenzen.	3	w	
Rund wölbt sich die Ewigkeit,	4	m	
Wenn die Sterne glänzen.	3	w	
5 Wolken sind mein Traumgefild,	4	m	
Wind und Sturm – Genossen,	3	w	
Wälder – Heimat, Urgebild,	4	m	
Dem ich einst entsprossen.	3	w	
Rund wölbt sich die Ewigkeit,	4	m	
10 Wenn die Sterne glänzen.	3	w	
Wolken, Wind und Wälder weit –	4	m	
Heimat ohne Grenzen.	3	w	

Und so könntest du das Ergebnis unserer Metrumanalyse formulieren:

Das vorliegende Gedicht weist ein alternierendes Metrum auf; es handelt sich um drei- und vierhebige Trochäen, und zwar sind jeweils die erste und dritte Zeile einer Strophe aus vierhebigen Trochäen aufgebaut. Die Zeilen enden abwechselnd männlich und weiblich. Das Gedicht zeigt also auch im Bereich des Metrums seine Regelmäßigkeit (wie bei den Strophen und dem Reimschema).

Lösungsbeispiel

> **Tipp**
> Weiche später, wenn du selbstständig arbeitest und formulierst, nicht weit von den oben stehenden Mustersätzen ab; es ergeben sich sonst leicht Fehler!

Versuche jetzt einmal allein, an drei kurzen Texten herauszufinden, ob ein Metrum vorliegt, und wenn ja, welches.

Trage bei den folgenden drei Gedichtbeispielen das Metrum ein; stelle fest, um welche Zeilenenden es sich handelt.
Formuliere deine Ergebnisse entsprechend dem Lösungsbeispiel oben!

Übung A5

Wünschelrute

Originaltext 1

Schläft ein Lied in allen Dingen,
Die da träumen fort und fort,
Und die Welt hebt an zu singen,
Triffst Du nur das Zauberwort.

(J. v. Eichendorff)

Aufbau und Form eines Gedichts

Originaltext 2 **Der Rauch**

Das kleine Haus unter Bäumen am See.
Vom Dach steigt Rauch.
Fehlte er
Wie trostlos wären dann
Haus Bäume und See.

(Bertolt Brecht)

Originaltext 3 **Was ein Kind gesagt bekommt**

Der liebe Gott sieht alles.
Man spart für den Fall des Falles.
Die werden nichts, die nichts taugen.
Schmökern ist schlecht für die Augen.
...
Kartoffeln sind gesund.
ein Kind hält den Mund.

(Bertolt Brecht; das Gedicht ist leicht gekürzt)

Lass uns noch einmal zusammenfassen: Du kannst jetzt bereits Aufbau, Reim und Metrum eines Gedichtes bestimmen und beschreiben – damit sind wir ein ganz großes Stück vorangekommen, denn die Behandlung dieser drei Punkte steht immer am Anfang einer Textbeschreibung.

Du beginnst sie so:

Das vorliegende Gedicht wurde von _____ (z. B. Georg Britting) verfasst; es entstand im Jahre _____ .
(Wenn du das weißt; wenn nicht, kannst du diesen Aspekt weglassen).

Es besteht aus _____ _____ (Aufbau) und enthält folgendes Reimschema: _____ / _____ / _____ /.
Der Text weist ein (kein) alternierendes Metrum auf; es handelt sich um _____ _____ (bzw. freie Rhythmen).

Die Zeilen enden _____ .

Wenn du dich an diesen Standardanfang einer Beschreibung hältst, kann kaum etwas schief gehen.

Übung A6

Versuche nun, von dem kurzen Gedicht „Wünschelrute" (vgl. S. 21) Aufbau, Reimschema und Metrum zu beschreiben. Vorarbeit hast du ja bereits geleistet.

Diese Übung ist dir bestimmt gelungen. Der Text ist kurz und übersichtlich und das Metrum alternierend. Sollte es aber schwieriger werden, darfst du nicht kapitulieren. Ein falsch bestimmtes Metrum ist keine Katastrophe und entwertet auch nicht die ganze Gedichtinterpretation. Deine Bemühung um eine richtige Bestimmung des Metrums sollte allerdings erkennbar sein, z. B. durch Eintragen der Hebungen und Senkungen auf dem Aufgabenblatt, das du in solch einem Falle mit abgeben solltest. Erinnerst du dich noch an Kapitel 2, „Lyrik – was ist das eigentlich?" Dort habe ich auf die ‚besondere, konzentrierte Sprache' der Gedichte hingewiesen. Dieses spezifisch Lyrische und die Mittel, die eingesetzt werden, um es zu erreichen, musst du beschreiben können. Deshalb befassen wir uns im nächsten Kapitel mit den Merkmalen der lyrischen Sprache.

4.4 Merkmale der lyrischen Sprache

Du weißt aus eigener Erfahrung recht genau, dass sich unser Sprechen und Schreiben jeweils den Umständen anpasst oder sich an unseren Absichten orientiert. Wenn du dich mit Freunden über einen Film unterhältst oder über ein gemeinsames Erlebnis, sprichst du entspannt, in eurer eigenen Jugendsprache. Wenn du dagegen deine Eltern dazu bringen willst, dir mehr Taschengeld zu zahlen, formulierst du sehr vorsichtig, überlegt und sachlich.

Für das **lyrische Sprechen** (und Schreiben) eine Definition zu finden, ist sehr schwierig, weil es so viele unterschiedliche zeitbezogene und zeitbedingte Gedichte gibt. Aber einige gemeinsame Merkmale aller Gedichte lassen sich doch feststellen:

– **Nähe zur Musik**
 Wie die Bezeichnung Lyrik ausdrückt (siehe Kap. 2), haben Gedichte (ihre Sprache) eine Verwandtschaft mit der **Musik** aufzuweisen. Zu diesem Eindruck trägt die metrische Bindung bei und die Tatsache, dass man Gedichte beim Lesen zum Klingen bringen kann.

– **Subjektives Sprechen**
 Von den drei literarischen Gattungen (siehe Kap. 2) ist die Lyrik die **subjektivste** Form; es spricht in den Gedichten meist ein Ich, das du jedoch nicht mit dem Autor gleichsetzen solltest. Wir nennen diesen Sprecher im Gedicht **lyrisches Ich**.

– Bildhaftigkeit

Die lyrische Sprache ist bildhaft. Auch normale Sprache kann bildhaft sein, d.h. anschaulich. ‚Ich habe mich geärgert!' wirkt anders als ‚Ich habe mich rot und grün geärgert!' Beim zweiten Satz kann man sich den Ärger mithilfe der Farben richtig gut vorstellen. In der lyrischen Sprache jedoch werden neben einfachen auch ganz besondere, ausgefallene Bilder verwendet. Ein Beispiel für ein einfaches Bild enthält das Gedicht „Raubritter" (vgl. S. 10): Britting bezeichnet die Flossen des Hechts als ‚gestachelt'. Dieser bildhafte Ausdruck vermittelt deutlichere Vorstellungen als das gängige Adjektiv ‚spitz'.

Außer diesen einfachen Bildern, die man leicht erkennen und benennen kann, finden wir in Gedichten auch kompliziertere: z. B. den **Vergleich.** Enthält der Vergleich das Partikel ‚wie', dann handelt es sich um einen **direkten Vergleich,** ohne ‚wie' um einen **indirekten Vergleich.**
Der Satz „... durch das Gras hinläuft/wie eine Schneckenspur..." (vgl. „Fröhlicher Regen", S. 10 f.) ist also ein direkter Vergleich.
„Und der Regenriese,/Der Blauhimmelhasser..." – hier siehst du einen indirekten Vergleich (Regen = Riese/Regen = Hasser des blauen Himmels).

Viele Gedichte enthalten Bilder, die uns aus eigener Anschauung bekannt sind, die aber vom Dichter in eine neue Bedeutungsebene ‚gehoben' wurden. „Flut" z. B. ist ein Begriff, bei dem jeder – je nach Phantasie – Vorstellungen von Wassermassen entwickelt (Ebbe und Flut/Sturmflut/Wasserfall...). Die Bezeichnung ‚Flut der Gedanken' verbindet diese Vorstellungen mit einer neuen Ebene: der Fülle von Ideen. Der Fachausdruck für diese Verwendung eines anschaulichen (bildhaften) Begriffs heißt **Metapher.**
In den bisher besprochenen Gedichten finden sich nur wenige Metaphern, weil es sich um einfache Naturgedichte handelt. Ein Beispiel sei jedoch genannt: „In den Blättern singt/Eine Silberuhr". Die Metapher ‚Silberuhr' vermittelt das Pochen und Prasseln des Regens (= Ticken einer Uhr) und gleichzeitig seine Farbe, vielleicht sogar seine ‚Kostbarkeit'. Du siehst, man muss den Metaphern ein wenig nachspüren, man muss versuchen, sie zu entschlüsseln. Sei dabei ruhig mutig – es gibt immer mehrere Möglichkeiten der Entschlüsselung!

Ist die Metapher sehr kompliziert und geheimnisvoll, spricht man von einer **Chiffre** (siehe dazu Kap. 8, S. 55).

Ein weiteres Mittel, die Sprache des Gedichts bildhaft zu gestalten, ist die **Personifikation.** Man verwendet diese Bezeichnung, wenn Dinge oder Abstrakta (das sind Begriffe, die etwas Nichtgegenständliches bezeichnen) ‚lebendig' werden, sich verhalten wie Personen.
In Brittings Regen-Gedicht findest du dazu viele Beispiele. Der Regen ‚klopft', ‚springt', ‚singt', ‚niest', ‚lacht', ‚schnaubt lustvoll' – er ist hier ein lebendiges Wesen!

– **Außergewöhnliche Satzstrukturen**
Betrachte noch einmal den Anfang des Gedichtes „Raubritter":

Zwischen Kraut und grünen Stangen
Jungen Schilfes steht der Hecht,
Mit Unholdsaugen im Kopf, dem langen ...

Beispiel für Satzstruktur

Du merkst sicherlich, dass die Anordnung der Wörter ungewöhnlich ist. Normalerweise würde der Satz lauten: Der Hecht steht, mit Unholdsaugen im langen Kopf, zwischen Kraut und grünen Stangen.
Dieser zweite Satz wirkt völlig anders als der Satz aus dem Gedicht. Jener ist umgestellt worden, und zwar an zwei entscheidenden Stellen. Ganz am Anfang steht nicht der Hecht (er versteckt sich sozusagen noch!). Die Angabe zur Länge seines Kopfes ist nachgestellt und dadurch betont. Dieses Stilmittel nennt man **Inversion.** Inversionen sind also Umstellungen von Worten und Satzteilen mit dem Ziel, **bestimmte Dinge hervorzuheben** und eine besondere **Satzmelodie** zu erzeugen. Sie ermöglichen manchmal die Einhaltung eines bestimmten Metrums.

Du hast sicher schon festgestellt, dass die Gedichtzeilen selten eine ganze Zeile ausfüllen. Sie werden meist vorher **gebrochen.** Wo diese **Zeilenbrechung** stattfindet, ist für die Wirkung eines Gedichts auf den Leser wichtig. Man könnte die Zeilen des Brittinggedichtes beispielsweise auch so brechen:

Zwischen Kraut und grünen Stangen jungen Schilfes
steht
der Hecht.

Beispiel für Satzstruktur

oder so:

Zwischen Kraut
und grünen Stangen
jungen Schilfes
steht der Hecht.

Beispiel für Satzstruktur

Merkst du den Unterschied? Je nach Zeilenbrechung liest man schneller oder langsamer, fließender oder stockender. Die Zeilenbrechung beeinflusst also den Leserhythmus; sie dient auch dazu, bestimmte Teile des Textes hervorzuheben.
Geht eine Verszeile metrisch und vom Satzbau her (= syntaktisch) direkt zur nächsten über, sprechen wir von einem **Enjambement,** einer engen Zeilenbindung.

Zwischen Kraut und grünen Stangen
Jungen Schilfes steht der Hecht ...

Beispiel für Satzstruktur

Lyrische Sprache **25**

‚Stangen' und ‚Jungen' sind durch das fortlaufende Metrum und den fortlaufenden Satz in einem Enjambement verbunden. Enjambements machen Gedichte fließender.

Ich gebe zu, das war ein hartes Kapitel – so viele Begriffe, und noch dazu einige komplizierte! Du solltest sie **nach und nach** lernen. Beim Üben der Gesamtinterpretation auf den nächsten Seiten kommen sie immer wieder vor, und bei den „Wichtigen Begriffen", S. 54 – 58, kannst du sie bei Bedarf schnell nachschlagen.

> **TIPP**
>
> Folgende Begriffe brauchst du für eine Beschreibung der lyrischen Sprache:
> – **Lyrisches Ich**
> – bildhaftes Sprechen: **Bild, Metapher, Vergleich, Personifikation**
> – **Inversion**
> – **Zeilenbrechung**
> – **Enjambement**

Der nächste Text, ein kritisches Naturgedicht, wurde von der bekannten österreichischen Dichterin Ingeborg Bachmann verfasst. Er ist kunstvoll und etwas verschlüsselt formuliert und enthält eine deutliche Aussage. Als ich ihn vor einiger Zeit mit Schülern einer 9. Klasse las, sagte ein Schüler spontan: „So ein schöner Text! Den sollten wir nur lesen und nicht analysieren!" Ich freute mich, als derselbe Schüler nach der gemeinsamen Gedichtanalyse feststellte, dass er durch die Besprechung viel Wichtiges über den Text erfahren hatte, das er beim Lesen allein nicht bemerkt hätte. Und er fand das Gedicht immer noch ‚schön'!

Übung A 7

Diesem Gedicht wollen wir uns nun schrittweise nähern:

1. Lies den Text, nachdem du ihn – wie auf S. 9 – 11 besprochen – vorbereitet hast, zweimal laut. Merkst du, wie er zu ‚klingen' beginnt?
2. Schau dir genau an, was ich in den ersten drei Strophen an stilistischen und sonstigen Besonderheiten angemerkt habe.
3. Versuche, dieselbe Arbeit für die 4.– 6. Strophe zu leisten. (Du darfst in dem Teil „Wichtige Begriffe" nachschlagen, wenn dir ein Begriff nicht klar ist!)

Originaltext

Freies Geleit

1 Mit schlaftrunkenen Vögeln   E
   und winddurchschossenen Bäumen
   steht der Tag auf, und das Meer   E
   leert einen schäumenden Becher auf ihn.

5 Die Flüsse wallen ans große Wasser,
   und das Land legt Liebesversprechen   E
   der reinen Luft in den Mund
   mit frischen Blumen.

26 *Lyrische Sprache*

Die Erde will keinen Rauchpilz tragen,
10   kein Geschöpf ausspeien vorm Himmel,
mit Regen und Zornesblitzen abschaffen E
die unerhörten Stimmen des Verderbens.

Mit uns will sie die bunten Brüder
und die grauen Schwestern erwachen sehn,
15   Den König Fisch, die Hoheit Nachtigall
und den Feuerfürsten Salamander.

Für uns pflanzt sie die Korallen ins Meer.
Wäldern befiehlt sie, Ruhe zu halten,
dem Marmor, die schöne Ader zu schwellen,
20   noch einmal dem Tau, über die Asche zu gehn.

Die Erde will ein freies Geleit ins All
jeden Tag aus der Nacht haben,
daß noch tausend und ein Morgen wird
von der alten Schönheit jungen Gnaden.

(Ingeborg Bachmann, 1964)

Bildhaftigkeit   ~
Metapher
Personifikation   ___
Inversion   J
Enjambement   E

Wir sind nun an einer wichtigen Stelle angekommen: Du kannst Aufbau, Reim und Metrum (wenn vorhanden) beschreiben und findest die wichtigsten Mittel der lyrischen Sprache in einem Gedicht. Damit hast du die formale und stilistische Gestalt eines Textes erfasst. Zu einer vollständigen Interpretation fehlen aber noch zwei wichtige Schritte:
das Verbinden der Form mit dem Inhalt und das Erfassen der Aussagen (= Interpretation) des Gedichtes.
Mit diesen beiden Schritten befassen wir uns im nächsten Kapitel.

Lyrische Sprache

5. Das Erfassen des Inhalts und das Verbinden mit der Form

Bei vielen Gedichtinterpretationen verlangt dein(e) Lehrer(in) von dir ausdrücklich eine **Inhaltsangabe,** manchmal aber fehlt dieser Arbeitsauftrag. Du solltest jedoch in jedem Fall als **Grundlage** für deine Interpretation eine knappe Inhaltsangabe erstellen.

Wie man eine Inhaltsangabe schreibt, weißt du vielleicht noch aus der 7. Klasse. Du kannst dazu auch im Mentorband „Deutsch Aufsatz 1" (Bd. 519) nachlesen. Sicherheitshalber führe ich hier aber die wichtigsten Regeln noch einmal an:

TiPP

1. Verwende für die Inhaltsangabe das Präsens.

2. Bemühe dich, die **Kernaussage** jeder Strophe zu erfassen.

3. Lies schwierige Stellen mehrmals; wird dir dann der Sinn nicht klar, darfst du beim Gedicht durchaus eine Vermutung anstellen („womöglich ist diese Stelle so gemeint"; „vielleicht...")

4. Verwende deine eigenen Worte, soweit dies möglich ist.

Für das Gedicht „Freies Geleit" (vgl. S. 26 f.) könnte die Inhaltsangabe zu den ersten beiden Strophen so aussehen:

Lösungsbeispiel Inhaltsangabe

Die erste Strophe des Gedichtes „Freies Geleit" handelt vom Erwachen der Natur; der Tag steht auf mit Bäumen und Vögeln und wird vom Meer begrüßt. In der zweiten Strophe geht alles seinen Gang weiter: reine Luft und frische Blumen deuten auf den Morgen hin; wie gewohnt strömen die Flüsse zum Meer ...

Übung A 8

Fasse den Inhalt der nächsten vier Strophen so zusammen, wie es das Beispiel oben verdeutlicht!

Und nun kommt der schwierige Schritt des Zusammenfügens. Am Beispiel der ersten Strophe unseres Gedichtes „Freies Geleit" soll gezeigt werden, wie du vorgehen musst. Die linke Spalte antwortet auf die Frage: **Was** sagt die Strophe aus?, die rechte auf: **Wie** ist der Inhalt gestaltet?

Lösungsbeispiel Inhaltsangabe / Stil

Inhalt	**Gestalterische Mittel**
Die erste Strophe des Gedichtes „Freies Geleit" handelt vom Erwachen der Natur; der Tag steht auf mit Bäumen und Vögeln und wird vom Meer begrüßt.	*Bilder: schlaftrunken, winddurchschossen (Z. 1/2).* *Personifikationen: der Tag steht auf, das Meer leert einen Becher (Z. 3/4). Wirkung: Lebendigkeit/Aktivität.* *Enjambement (Z. 1/2; 3/4): Text wirkt flüssig.*

*Und nun folgt das **Zusammenfügen**:*   *Lösungsbeispiel*
In Strophe 1 wird ein Tagesbeginn geschildert. I. Bachmann verwendet dafür an-   *Interpretation*
schauliche Bilder (Z. 1/2) und Personifikationen (Z. 3/4). Mit dem Tag erwachen die
„schlaftrunkenen" Vögel und vom Nachtwind gerüttelten Bäume (Z. 2). Wie ein
Mensch steht der Tag von seinem Nachtlager auf (Z. 3); das Meer begrüßt ihn freu-
dig (hier verwendet die Autorin wiederum eine Personifikation: „leert einen schäu-
menden Becher auf ihn", Z. 4). Die Natur wird sowohl als sanft als auch als heftig ge-
schildert (Z. 1/2 „winddurchschossen"). Die Strophe enthält nur einen Satz, aber
zwei Enjambements (Z. 1/2; 3/4), sie wirkt wie aus einem Guss.

Was ist hier geschehen?
In dem kleinen Stückchen Text stecken die Beobachtungen, die wir vorher zum **Inhalt** und zur **sprachlichen Gestaltung** zusammengetragen haben; sie sind sozusagen ineinander verzahnt.

1. Führe nur die sprachlichen Mittel an, die für den Inhalt von Bedeutung sind, deren Wirkung du feststellen kannst.
2. Verweise durch Zeilenangabe auf die Stellen, von denen du gerade sprichst.
3. Zitiere wichtige Stellen wörtlich.

Willst du es einmal selbst versuchen? Ich stelle dir für die **Strophe 2** zusammen, was wir bereits wissen:

Inhalt   *Gestalterische Mittel*   *Lösungsbeispiel*
In der zweiten Strophe geht alles seinen   *Die Strophe besteht aus einem Satz: ein*   *Inhaltsangabe/Stil*
Gang weiter: reine Luft und frische Blu-   *Enjambement (Z. 6/7).*
men deuten auf den Morgen hin; wie ge-   *drei Personifikationen: Flüsse wallen,*
wohnt strömen die Flüsse zum Meer.   *Land verspricht etwas, die Luft hat*
     einen ‚Mund' = Lebendigkeit.
     Inversion (Z. 6/7): Liebesversprechen
     dadurch betont.

Verbindung von Inhalt und Form

Übung A9

Interpretiere die zweite Strophe, indem du – wie es bei der ersten Strophe geschehen ist – Inhalt und gestalterische Mittel zusammenfügst.

Ist dir das Zusammenfügen bei dieser Strophe gelungen? Noch nicht so recht? Sei nicht traurig, so etwas muss geübt werden! Schau dir an, wie es bei den Strophen 3 und 4 weitergeht; dann kannst du es bei den Strophen 5 und 6 noch einmal selbst versuchen. Die Strophen 3 und 4 gehören inhaltlich zusammen und sollten deshalb auch bei der Interpretation gemeinsam behandelt werden:

Lösungsbeispiel Inhaltsangabe/Stil

Inhalt

Strophe 3 teilt uns mit, was die Erde nicht will: Sie will keine Atomkraft (Rauchpilz), keine verstoßenen Geschöpfe, keine Schädigungen der Natur, sondern (Strophe 4) sie möchte alle Geschöpfe fröhlich sehen; I. Bachmann nennt stellvertretend Fisch, Vogel, Kriechtier.

Gestalterische Mittel

Personifikation der Erde: Z. 9/10, Z. 13/14.
Metapher: „Rauchpilz" (Z. 9), Tiere als ‚Hoheiten' (Z. 15/16).
bildhafter Ausdruck: „Regen", „Zornesblitze" (Z. 11).
Kontrast: bunt – grau (Z. 13/14).

Lösungsbeispiel Interpretation

Interpretation:

Während die Autorin I. Bachmann in der dritten Strophe darstellt, was die Erde nicht will, steht in den Zeilen 11–16 das, was sie sich wünscht. Die wiederum personifizierte Erde möchte ohne Atombombe leben; dieser Wunsch wird verstärkt durch die Metapher „Rauchpilz". Sie will keine verseuchten oder geschundenen Kreaturen erleben müssen. Hier könnte man an unser ökologisches Fehlverhalten, an Tierversuche oder Schäden, die durch den ungebremsten Fortschritt entstanden sind, denken. Um sich dagegen zur Wehr zu setzen, will die Natur gefährliche „Blitze des Zorns" gegen die Sünder schleudern; dieses Bild verdeutlicht, wie stark der Zorn ist, wie vernichtend die Strafe der Natur sein kann (Blitz/Einschlag/Feuer/Vernichtung). In Zeile 13 taucht zum ersten Mal das lyrische Ich auf, es ist aber eingebunden in ein ‚uns'. Die Botschaft des Textes ist also für uns alle gedacht: Mensch und Tier müssen in Einklang miteinander leben, dann können sich alle an der Vielfalt der Natur erfreuen. Die Autorin drückt diese Vielfalt durch das Mittel des Kontrastes aus: „bunte Brüder" – „graue Schwestern" (Z. 13/14); sie läßt Fisch, Vogel und Echse als „König", als „Hoheit" und als „Fürst" auftreten. Diese Metaphern sollen betonen, daß auch im Unscheinbaren, Unauffälligen Großes steckt, wenn man genau hinsieht.

Übung A10

Erstelle für die Strophen 5 und 6 die zweispaltige Übersicht über Inhalt und gestalterische Mittel.
Versuche dann, die beiden Teile in einer Interpretation zusammenzufügen.

Ich hoffe, dass diese zweite Übung dir schon einige Sicherheit gegeben hat; wenn du das Prinzip verstanden hast, werden die Übungen in Kapitel 7 dieses Gefühl der Sicherheit verstärken.

Verbindung von Inhalt und Form

6. Der Aufbau einer Interpretation

Bei einer Gedichtinterpretation wird manchmal noch ein bisschen mehr verlangt: eine Einleitung und ein Schluss. Das ist nichts Neues für dich – du kennst beides aus anderen Aufsatzformen. Wichtig aber ist für dich zu wissen, wann du deine Interpretation nach diesem Muster Einleitung – Hauptteil (Interpretation) – Schluss aufbauen mußt. Das wiederum erkennst du an der **Aufgabenstellung**.

Gedichtinterpretationen können dir in zweierlei Form begegnen:

1. Du erhältst das Gedicht zusammen mit 3 – 4 Arbeitsaufträgen.

G. Britting, „Fröhlicher Regen" *Aufgabenbeispiel*
(Text)

1. Beschreibe von dem vorliegenden Gedicht Aufbau, Reim und Metrum.
2. Erstelle von den 5 Abschnitten eine kurze Inhaltsangabe.
3. Interpretiere die ersten beiden Abschnitte (verknüpfe dabei Inhalt und Form).

Sieht dein Arbeitsblatt so aus, dann folgst du einfach den einzelnen Aufträgen. Du brauchst dann keine Einleitung und keinen Schluß; auch eine Verknüpfung der einzelnen Punkte durch Überleitungen ist nicht erforderlich (es sei denn, dein Lehrer verlangt sie ausdrücklich!).

2. Du erhältst zum Gedicht nur einen pauschalen Arbeitsauftrag; das ist zwar in der Mittelstufe relativ selten, aber es kann vorkommen.

G. Britting, „Fröhlicher Regen" *Aufgabenbeispiel*
(Text)

Interpretiere den vorliegenden Text, indem du wesentliche formale und inhaltliche Aspekte berücksichtigst.

In diesem Fall wird dir die folgende Gliederung eine Hilfe sein:

Einleitung (2–3 Sätze)

Hauptteil
1. Ganz knappe Inhaltsangabe
2. Kurze, möglichst exakte Beschreibung von Aufbau, Reim und Metrum
3. Strophenweise Interpretation unter Einbeziehung der Gestaltung des Textes

Schluss (2–3 Sätze)

Was könnte die Einleitung beinhalten?

– Kurze Informationen über den Autor und seine Zeit (wenn du dazu etwas weißt!); oder

– Wiedergabe des ersten Eindrucks, den dieser Text beim Lesen auf dich gemacht hat; oder

– Einordnen des Gedichtes in eine literarische Epoche (siehe dazu das nächste Kapitel dieses Buches!); Erwähnung der Entstehungszeit.

Was könnte im Schluss stehen?

– Beschreibung der Wirkung des Gedichtes auf dich; oder

– Urteil über das Gedicht; oder

– Vergleich mit einem Gedicht, das ein ähnliches Thema behandelt.

Ein großes Stück schwerer Arbeit hast du geschafft! Du kannst ein Gedicht in seiner äußeren Form beschreiben und seinen Inhalt deuten.

Wir haben aber bisher nicht darauf geachtet, in welcher Epoche die jeweiligen Texte entstanden sind und wie sich die jeweilige Zeit in den Texten spiegelt. Das soll im nächsten Kapitel geschehen.

7. Das Gedicht in seiner Epoche

So wie Menschen von der Zeit beeinflusst werden, in der sie leben – denke nur einmal an die sich ständig ändernden Moden –, so sind auch literarische Werke und literarische Texte von dem Zeitabschnitt, in dem sie entstehen, geprägt.

Man nennt die literarischen Zeitabschnitte **Epochen** und gliedert – wie du sicher schon weißt – die Literaturgeschichte nach diesen Epochen. Jeder dieser Zeitabschnitte hat bestimmte Voraussetzungen, Themen, Anliegen und Formen. Wenn du darüber informiert bist, kannst du einen literarischen Text, z. B. ein Gedicht, besser verstehen und leichter interpretieren. Dem Lehrplan entsprechend habe ich drei Epochen ausgewählt, die du kennen lernen sollst:

– das **Barock** (1600 – 1720)

– den **Sturm und Drang** (1767 – 1785)

– die **Moderne** (ab 1945 bis heute).

Auf den folgenden Seiten findest du:

– Hinweise zu den Merkmalen, die die Gedichte der drei Epochen kennzeichnen,

– drei zur Interpretation vorbereitete Texte und

– je eine Modellinterpretation (bzw. Interpretationshilfen), mit der (bzw. denen) du deine eigene Interpretation vergleichen kannst.

Was diese Hinführung zu einer epochenbezogenen Gedichtintepretation **nicht** leisten kann, ist, dir für jede Epoche ein komplettes Kapitel Literaturgeschichte zu bieten. Du musst also selbst in Literaturgeschichten nachlesen oder dich auf das im Unterricht Behandelte stützen.

Folgende Bücher, die du sicher in eurer Schulbibliothek oder in den öffentlichen Stadtbibliotheken findest, enthalten knappe, brauchbare Einführungen in die literarischen Epochen:

1. **K. Rothmann,** Kleine Geschichte der deutschen Literatur, Stuttgart: Reclam 1982
2. **H. A. und E. Frenzel,** Daten deutscher Dichtung, München: dtv 1990, Bd. 1 und 2
3. **H. Nürnberger,** Geschichte der deutschen Literatur, München: bsv 1992
4. **Geschichte der deutschen Literatur von den Anfängen bis zur Gegenwart,** Stuttgart: Klett 1987

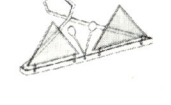

7.1 Arbeiten mit einer Literaturgeschichte

Die oben genannten Literaturgeschichten sind so gestaltet, dass du am Anfang jedes Epochenkapitels eine **Einführung** oder einen **Überblick** findest. Diesen Teil musst du gründlich durcharbeiten. Wie du für dich wichtige Informationen aus Texten herausarbeiten kannst, findest du im Mentorband Deutsch Aufsatz 1 (Bd. 519) beim Thema „Referate exzerpieren und konspektieren".

Jetzt gehe folgendermaßen vor:

TiPP

1. Lies die Einführung mindestens zweimal aufmerksam durch!
2. Schlage eventuell unbekannte Begriffe nach (bei dem Barocküberblick auf S. 34/35 z. B. ‚Absolutismus', ‚Metaphysik', ‚Mystik'); benütze dafür ein allgemeines Lexikon wie den ‚Großen Brockhaus', ‚Knaurs Lexikon' oder den Schülerduden.
3. Hole die wichtigsten Informationen **stichpunktartig** aus dem Text heraus. Du wirst sehen, daß das Formulieren und Aufschreiben dir bereits dabei hilft, Fakten zu ‚behalten'.
4. Lies – wenn dies zeitlich möglich ist – zu derselben Epoche die Einführung in einer anderen Literaturgeschichte; du erhältst vielleicht neue Informationen oder verstehst einzelne Punkte besser.

Für die Epoche ‚Barock' habe ich die folgende Einleitung aus der Literaturgeschichte von H. Nürnberger entnommen (siehe S. 33, Nr. 3, S. 64/65) und sie mit Randnotizen versehen. Bei dem darauf folgenden Textbeispiel auf S. 35 f. sollst du selbst aktiv werden.

Originaltext

Das Zeitalter des Barock 1600 – 1720

Stichworte zur politischen Geschichte

1. Zeit des Glaubenskrieges

2. Folgen für Deutschland: Verwüstungen, politische Ohnmacht

3. Stärkerwerden Frankreichs und Englands

Die auf dem Konzil von Trient (1545 – 1563) begonnene, von den Jesuiten geleitete Gegenreformation und der unversöhnliche Gegensatz zwischen Katholiken und Protestanten führen in Deutschland zum Dreißigjährigen Krieg (1618 – 1648). Der Glaubenskrieg verbindet sich mit der Auseinandersetzung der Großmächte, die auf deutschem Boden ausgetragen wird, und endet mit einer furchtbaren Verwüstung großer Teile Deutschlands, dessen Ohnmacht im Westfälischen Frieden besiegelt wird. Gleichzeitig erfolgt der rasche Aufstieg Frankreichs unter Ludwig XIV. (1643 bis 1715), dessen Absolutismus Vorbild für ganz Europa wird. Die Wegnahme Straßburgs und die Verheerung der Pfalz haben fortwirkende Spannungen zwischen Deutschland und Frankreich zur Folge, was aber die kulturelle Vorherrschaft Frankreichs nicht beeinträchtigt. Im Südosten des Reiches wird der Angriff der Türken, die vergeblich Wien belagern, durch den Sieg am Kahlenberg (1683) abgewehrt. Nach den Erschütterungen der Großen Revolution (1641 – 1649) und der Vertreibung der Stuarts (1688) beginnt England die Eroberung der Weltmeere.

Kulturelle Voraussetzungen

Die kulturelle Führung geht vom Bürgertum der Städte auf die Höfe über, in denen sich nach dem Vorbild Ludwigs XIV. die barocke Gesellschaft um den absoluten Fürsten als Mittelpunkt sammelt. Während das Volk unter den Folgen des Dreißigjährigen Krieges verelendet, entfaltet sich an den Höfen ein Lebensstil der prunkvollen Repräsentation. Der „politische Mensch", der weltklug die Dinge und Menschen auszunützen versteht, ist das Leitbild dieser Gesellschaft, die sich in ihrer Lebensweise weitgehend nach ausländischen Vorbildern richtet. Daneben steigt das Ansehen des Gelehrten. Aus dem Stadium der Metaphysik und Theologie tritt die Menschheit in das der Erfahrungswissenschaften. Astronomische, mathematische und physikalische Entdeckungen fördern die analytische, experimentierende Naturforschung, die sich bei Galilei, Kepler, Newton zu einer großen, neuen Gesamtschau ausweitet. Mit gleicher Stärke wirken aber auch die religiösen Mächte auf die Menschen ein: sie führen in der Auseinandersetzung von Reformation und Gegenreformation zu erbitterten Kämpfen, verfestigen sich in einer dogmatisch gebundenen Frömmigkeit, erinnern in der durch Kriegskatastrophen erschütterten Zeit an die Vergänglichkeit und führen schließlich zu einer Erneuerung der Mystik. Die Spannungen aus diesen verschiedenartigen Richtungen und Lebensanschauungen kennzeichnen das Weltbild des Barockzeitalters. Der Widerstreit jäher Gegensätze, leidenschaftlicher Lebensgier, wissenschaftlichen Erkenntnisdranges und religiöser Erschütterung wird zum Antrieb kultureller Entwicklung.

4. Höfe der absoluten Fürsten werden kultureller Mittelpunkt

5. Aufschwung der Naturwissenschaften

6. Reformation und Gegenreformation verfestigen religiöse Vorstellungen

7. Spannung: Lebenslust – Lebensflucht (Mystik)

Hole aus dem folgenden Text die wichtigsten Fakten heraus.
Auf folgende Fragen solltest du nach der Bearbeitung des Textes antworten können:
1. Zwischen welche Epochen ist der ‚Barock' eingebettet?
2. Woher kommt die Bezeichnung ‚Barock'?
3. Was kennzeichnet diese Epoche im Besonderen?

Übung A 11

Der Begriff des Barock

Als Barockdichtung bezeichnen wir die Poesie der auf die Renaissance folgenden Epoche. Zeitlich füllte sie das 17. Jahrhundert und wurde zu Beginn des 18. Jahrhunderts von der Aufklärungsdichtung abgelöst. Das Wort „barock" wird abgeleitet aus dem spanischen „barocco" und bezeichnet eine unregelmäßige Perle („schiefrund"), also etwas von der Regel Abweichendes; es taucht zuerst 1756 in einem Sendschreiben Winckelmanns auf, in dem er sich über Verzierungen, Schnörkel und Muschelwerk in der Baukunst äußert. Seit Jacob Burckhardt wird Barock zum Stilbegriff in der bildenden Kunst. Der Stilbegriff des Barock ist von der bildenden Kunst auf den Stil des ganzen Jahrhunderts übertragen worden. In der Tat zeigt der Gestaltungswille dieser Zeit jene Merkmale, wie sie die barocke Kunst aufweist: gegenüber der Renaissance mit ihrem Sammeln der Kräfte in einem geschlossenen Bilde ein Aufeinanderprallen gegensätzlicher Energien, eine dynamische Unruhe. Die Spannungen von Welt und Gott, Diesseits und Jenseits, Lebens-

Originaltext

Gedicht und Literaturepoche

hunger und Todesangst, Vergänglichkeit und Ewigkeit hielten die Menschen jener Zeit in Bann. Die Erweiterung ihres Gesichtskreises durch die astronomischen, mathematischen und physikalischen Entdeckungen von Kepler, Galilei und später Newton vermittelten ihnen ein starkes Selbstgefühl. Die Einsicht in die kausale Verknüpfung von Ursache und Wirkung im Experiment vermittelte neue Erfahrungen. Der Mensch fühlte sich als Herr der Wirklichkeit. Aber ihn quälten Zweifel an seiner Selbstherrlichkeit, die durch Leid und Tod in Frage gestellt wurde. Seuchen, Kriege und Katastrophen zeigten ihm die Vergänglichkeit alles Irdischen.

(H. Nürnberger, S. 65)

Um dir das Interpretieren von Barockgedichten zu erleichtern, findest du hier ein Kapitel eingeschoben, das dir Merkmale, Formen und Themen der Barockgedichte vorstellt. Lies es bitte durch und präge dir die neuen Begriffe ein!

7.2 Das Barockgedicht

Merkmale

Für die Gedichte des Barock lassen sich folgende **Merkmale** feststellen:

– Im Barock sind die meisten Gedichte **metrisch gebunden.** Vorwiegend werden **Jamben** und **Trochäen** verwendet (zur Erinnerung: ⌣´/⌣´ = Jamben; ´⌣/´⌣ = Trochäen). Sehr beliebt ist der **Alexandriner,** ein sechshebiger jambischer Reimvers. Die beiden folgenden Beispiele dafür stammen aus dem Gedicht „Es ist alles eitel" von A. Gryphius auf der nächsten Seite.

Metrikbeispiel „Du siehst, wohin du siehst // nur Eitelkeit auf Erden."

Nach der dritten Hebung findest du einen Einschnitt, eine sogenannte **Zäsur.** Diese Teilung einer Zeile wird oft dazu benutzt, Kontraste darzustellen.

Metrikbeispiel „Jetzt lacht das Glück uns an, // bald donnern die Beschwerden."

– Für zwei Gedichtformen hatten die Barockdichter eine Vorliebe: für das **Epigramm** und für das **Sonett.** Das Epigramm ist ein kurzes Sinngedicht, das (meist boshaft) eine Weisheit oder Wahrheit vermitteln will. Zur Interpretation ist es nicht geeignet, denn seine Botschaft ist klar. Ein Beispiel jedoch möchte ich anführen:

„Der Weise sucht nur eins / und zwar das höchste Gut: | *Beispiel*
Ein Narr nach vielerlei / und Kleinem streben tut." | *Epigramm*

(Angelus Silesius)

Das **Sonett** wollen wir uns genauer anschauen. Lies bitte das folgende Gedicht (wenn möglich laut, damit du es zum Klingen bringst!).

Es ist alles eitel | *Originaltext*

1 Du siehst, wohin du siehst, nur Eitelkeit auf Erden.	a
Was dieser heute baut, reißt jener morgen ein;	b
Wo jetzund Städte stehn, wird eine Wiese sein,	b
Auf der ein Schäferskind wird spielen mit der Herden.	a
5 Was jetzund prächtig blüht, soll bald zertreten werden;	a
Was jetzt so pocht und trotzt, ist morgen Asch und Bein;	b
Nichts ist, das ewig sei, kein Erz, kein Marmorstein,	b
Jetzt lacht das Glück uns an, bald donnern die Beschwerden.	a
Der hohen Taten Ruhm muß wie ein Traum vergehn.	c
10 Soll denn das Spiel der Zeit, der leichte Mensch, bestehn?	c
Ach, was ist alles dies, was wir für köstlich achten,	d
Als schlechte Nichtigkeit, als Schatten, Staub und Wind,	e
Als eine Wiesenblum, die man nicht wieder find!	e
Noch will, das ewig ist, kein einig Mensch betrachten.	d

(Andreas Gryphius)

Wenn du den Aufbau dieses Gedichtes betrachtest, kannst du schnell feststellen, dass es aus **14 Zeilen** besteht. Diese 14 Zeilen sind so gruppiert, dass auf zwei vierzeilige Abschnitte zwei dreizeilige folgen. Man nennt die vierzeiligen Abschnitte **Quartette** und die dreizeiligen **Terzette.**

Und nun wirf bitte einen Blick auf das Endreimschema; es lautet: abba / abba / ccd / eed.

Nach dem Endreimschema kann man drei Typen von Sonetten unterscheiden:

Typ 1: das Petrarca-Sonett
Es bestimmt sich durch folgende Endreimschemata:
abab/abab/cdc/dcd   oder
abba/abba/cde/cde
Es ist nach dem italienischen Dichter Petrarca benannt.

Typ 2: das Ronsard-Sonett
Es ist nach dem französischen Dichter Pierre de Ronsard benannt und ist durch folgende Endreimschemata charakterisiert:
abba/abba/ccd/eed   oder
abba/abba/ccd/ede
Unser Gedicht „Es ist alles eitel" ist also ein Ronsard-Sonett.

Typ 3: das Shakespeare-Sonett
Der englische Dichter William Shakespeare hat 154 Sonette verfasst, die in viele Sprachen übersetzt wurden. Hier ist eine deutsche Übersetzung von Karl Kraus abgedruckt; es handelt sich um das Sonett 116.

Originaltext

1	Nichts löst die Bande, die die Liebe bindet.	a
	Sie wären keine, könnten hin sie schwinden,	b
	weil, was sie liebt, ihr einmal doch entschwindet:	a
	und wäre sie nicht Grund, sich selbst zu gründen.	b
5	Sie steht und leuchtet wie der hohe Turm,	c
	der Schiffe lenkt und leitet durch die Wetter,	d
	der Schirmende, und ungebeugt vom Sturm,	c
	der immer wartend unbedankte Retter.	d
	Lieb' ist nicht Spott der Zeit, sei auch der Lippe,	e
10	die küssen konnte, Lieblichkeit dahin;	f
	nicht endet sie durch jene Todeshippe.	e
	Sie währt und wartet auf den Anbeginn.	f
	Ist Wahrheit nicht, was hier durch mich wird kund,	g
	dann schrieb ich nie, schwur Liebe nie ein Mund.	g

Wie du erkennen kannst, gliedert sich dieses Gedicht in **drei Quartette** und einen zweizeiligen Abschnitt, ein sogenanntes **Couplet** (vom englischen Wort ‚couple' = Paar abgeleitet). Das Endreimschema sieht folgendermaßen aus: abab/cdcd/efef/gg.

Und nun, denke ich, ist ein Wort des Trostes nötig: Du musst dir die vielen Endreimschemata nicht alle merken; du darfst zunächst ruhig nachschauen, welche Variante bei deinem Gedicht vorliegt. Manche Lehrer verlangen auch gar nicht, dass du dir die Unterschiede merkst; sie sind zufrieden, wenn du das Sonett und sein Metrum erkennst.

Solltest du aber doch versuchen, die Sonetttypen zu unterscheiden, dann hilft dir folgender Tip:

> Stelle zuerst fest, ob es sich um ein Shakespeare-Sonett handelt; du erkennst es leicht am Couplet!
> Dann bleiben nur noch zwei Möglichkeiten:
> Schau dir nun den dritten Abschnitt (= das erste Terzett) an. Enthält er einen Paarreim (ccd), hast du es mit einem Ronsard-Sonett zu tun; lautet das Reimschema cdc oder cde, dann liegt ein Petrarca-Sonett vor.

TiPP

– Die Barocklyrik zeigt eine Vorliebe für das **bildhafte Darstellen.** Du kennst bereits Bild, Metapher, Personifikation und Vergleich. Alle diese Mittel werden dir in Barockgedichten häufig begegnen.

– Ein weiterer wichtiger Begriff ist die **Allegorie.** Die Allegorie (= Sinnbild) ist eine bildliche Darstellung, die auf einen tieferen Sinn verweist; z. B. deutet das Skelett mit Stundenglas und Hippe (Sense) auf die Vergänglichkeit alles Irdischen hin.

– Der Barockdichter liebt die **Antithese,** die kontrastierende Gegenüberstellung von Begriffen (Lust und Leid/Liebe und Haß/Himmel und Hölle ... siehe auch Zeile 2, 3, 5, 6, 8 des Gedichtes „Es ist alles eitel", S. 37). Die Spannung der Kontraste spiegelt das schwankende Lebensgefühl der damaligen Zeit wider (siehe S. 35 f.).

– In vielen Barockgedichten kommt ein **Ich** wörtlich vor. Du musst dann wissen, dass hier keine einzelne Person spricht, sondern dass in diesem Ich die ganze Gesellschaft eingeschlossen ist.

Themen und Anliegen der Barocklyrik

Grundthema der barocken Lyrik ist das durch die Erfahrung von Krieg und Tod bestimmte Lebensgefühl. Es ist ein Gefühl der **Zerrissenheit;** der barocke Mensch schwankt zwischen Lebenslust, Lebensgenuß und Todesfurcht. Beiden Grundstimmungen sind in der Lyrik Motive zugeordnet; das **Carpe-diem-Motiv** (= nütze die Zeit!) steht dem **Vanitas-Motiv** (alles ist eitel und vergänglich) gegenüber.

So schreibt A. Gryphius in seinem Gedicht „Vanitas!".

Originaltext

Die Herrlichkeit der Erden
Muß Rauch und Asche werden.
Kein Fels, kein Erz kann stehn.
Dies, was uns kann ergötzen,
Was wir für ewig schätzen,
Wird als ein leichter Traum vergehn ...

Am Ende dieses Gedichtes taucht auch das **Carpe-diem-Motiv** auf:

Originaltext

Wach auf, mein Herz und denke,
Daß dieser Zeit Geschenke
Sei kaum ein Augenblick! ...

Verlache Welt und Ehre,
Furcht, Hoffen, Gunst und Lehre
Und fleh den Herren an,
Der immer König bleibet,
Der keine Zeit vertreibet,
Der einig ewig machen kann.

Hinzu kommt die Vorstellung, dass das Leben eine Art **Theaterbühne** ist, auf der der Mensch nur einen kurzen Auftritt hat; gelenkt wird alles, was geschieht, durch Gott, auf den der Mensch sich ausrichten soll, damit seine Seele gerettet werden kann.

Neben den ernsten, mahnenden Gedichten entstanden im Barock auch viele **Liebesgedichte,** die die Schönheit der Geliebten – oft ihre Unerreichbarkeit – mit allen Mitteln preisen:

Gedicht und Literaturepoche

Beschreibung vollkommener Schönheit *Originaltext*

Ein Haar, so kühnlich Trotz der Berenice spricht,
Ein Mund, der Rosen führt und Perlen in sich heget,
Ein Zünglein, so ein Gift für tausend Herzen träget,
Zwo Brüste, wo Rubin durch Alabaster bricht ...

In diesem Stil geht es bei Chr. Hofmann von Hofmannswaldau noch 10 Zeilen weiter, bis er am Ende gesteht:

(sie) hat mich um Witz und meine Freiheit bracht.

In vielen Barockgedichten spielt die **Natur** eine Rolle, aber nicht in dem Sinne, dass sie im Mittelpunkt steht, sondern so, dass sie den Menschen reflektiert und im Vergleich seine Verhaltensweisen deutlich macht.
In dem Gedicht „Es ist alles eitel" (S. 37) heißt es z. B.:
„Ach, was ist alles dies, was wir für köstlich achten, / Als schlechte Nichtigkeit, als Schatten, Staub und Wind, / Als eine Wiesenblum, die man nicht wieder find!"
Die Naturelemente Staub, Wind, Blume dienen dazu, die Vergänglichkeit des Menschenlebens aufzuzeigen.

Jetzt hast du genug über Hintergrund und Charakteristika der Barocklyrik erfahren und kannst endlich aktiv werden. Lies das folgende Gedicht von Andreas Gryphius („Abend") laut und langsam. Weitere Aufgaben dazu folgen in der Übung auf der nächsten Seite.

Abend *Originaltext*

1 Der schnelle Tag ist hin; die Nacht schwingt ihre Fahn
   Und führt die Sternen auf. Der Menschen müde Scharen
   Verlassen Feld und Werk, wo Tier und Vögel waren,
   Traurt itzt die Einsamkeit. Wie ist die Zeit vertan! — *Z. 4 itzt = jetzt*

5 Der Port naht mehr und mehr sich zu der Glieder Kahn — *Z. 5 Port = Hafen = Grab*
   Gleich wie dies Licht verfiel, so wird in wenig Jahren — *Z. 5 der Glieder Kahn = der Leib*
   Ich, du, und was man hat, und was man sieht, hinfahren.
   Dies Leben kömmt mir vor als eine Rennebahn.

   Laß, höchster Gott, mich doch nicht auf dem Laufplatz gleiten!
10 Laß mich nicht Ach, nicht Pracht, nicht Lust, nicht Angst verleiten! — *Z. 10 Ach = Klagen, Seufzen*
   Dein ewig heller Glanz sei vor und neben mir!

   Laß, wenn der müde Leib entschläft, die Seele wachen,
   Und wenn der letzte Tag wird mit mir Abend machen,
   So reiß mich aus dem Tal der Finsternis zu dir!

(Andreas Gryphius 1616 – 1664;
das Gedicht entstand 1650)

Gedicht und Literaturepoche

Übung A 12

Interpretationsaufgabe

1. Sage in einem Satz, worum es in diesem Gedicht geht.
2. Bestimme Form, Metrum, Reimschema.
3. Markiere optisch mit verschiedenen Farben die wichtigsten gestalterischen Mittel (denke dabei an Satzbau, Bildhaftigkeit, Adjektive ...).
4. Interpretiere die ersten vier Zeilen; achte darauf, dass du Form und Inhalt verbindest, wie wir es in Kap. 5 geübt haben!

7.3 Das Gedicht im Sturm und Drang

Diese Epoche (1767–1785) müsste dir eigentlich Spaß machen! Jung waren ihre Vertreter, frech gegenüber allen Autoritäten, kritisch, mutig und voller Hoffnung, etwas in Bewegung zu bringen. Regeln und Zwang waren ihnen zuwider, Fürstendiener wollten sie nicht sein, sondern freie Individuen – möglichst **Genies!**

Originaltext
„Und Genie, ganzes, wahres Genie, ohne Herz – ist Unding, denn nicht hoher Verstand allein; nicht beides zusammen machen Genie – Liebe! Liebe! Liebe! – ist die Seele des Genies."

schwärmte Johann Caspar Lavater, und:

Originaltext
„Wo Wirkung, Tat, Kraft, Gedanke, Empfindung ist, die von Menschen nicht gelernt und nicht gelehrt werden kann – da ist Genie."

In diesen zwei Zitaten steckt schon so etwas wie ein kompaktes Programm der Epoche, mit der wir uns befassen wollen.

Die zwei ‚Hauptgenies' Friedrich Schiller und Johann W. v. Goethe zeigen dir rechts ihre genialen Charakterköpfe.

Als nächstes musst du dich – allein – mit weiteren Informationen zur Epoche ‚Sturm und Drang' versehen.
Gehe dabei so vor, wie wir es im Kap. 7.1 „Arbeiten mit einer Literaturgeschichte" geübt haben:

– Lies das Einführungskapitel in einer der Literaturgeschichten
– Kläre unbekannte Begriffe
– Hole die wichtigsten Informationen in Stichworten heraus.

Wenn das geschehen ist, solltest du die Epoche zeitlich einordnen können, die wichtigsten Vertreter kennen sowie über Themen, Formen und gestalterische Mittel Bescheid wissen.

Die Lyrik gewinnt in der Epoche des Sturm und Drang an großer Bedeutung; sie spiegelt deutlich das Zeit- und Lebensgefühl wider. Ode, Hymne und **liedhafte Erlebnislyrik** sind neben der **Ballade** die bedeutendsten Formen; mit den beiden Letzteren wollen wir uns näher befassen.

Die Ballade

Goethe, der die Ballade formal und inhaltlich vollendet beherrschte, nannte sie das „Urei", weil sie alle drei literarischen Gattungen in sich vereint:

– Sie ist **lyrisch** (Strophen, Metrum/andere Mittel der lyrischen Sprache)
– Sie ist **episch,** d. h. sie erzählt eine Geschichte oder ein Ereignis, meist linear (fortschreitend)
– Sie ist **dramatisch,** d. h. sie entwickelt Spannung auf den Ausgang eines Konfliktes; sie enthält oft Dialoge (nicht immer!); verschiedene Personen ‚treten auf' wie in einem Theaterstück.

Balladen sollten eigentlich nicht leise gelesen, sondern laut vorgetragen werden. Nicht ohne Grund sind sehr viele Balladen vertont worden.

Die Ballade ist verwandt mit dem Volkslied und hat wie dieses eine gewisse Regelmäßigkeit aufzuweisen:
– Ihre Strophen sind meist Vierzeiler
– Sehr viele Balladen verwenden Paar- oder Kreuzreim
– Bei vielen Balladen wirst du ein alternierendes Metrum finden.

Es gibt – thematisch gesehen – verschiedene **Balladentypen:**

– die sogenannte **numinose Ballade** (numinos = schauerlich, geheimnisvoll), in der der Mensch mit geheimen und magischen Kräften zu kämpfen hat (z. B. „Der Erlkönig" von J. W. v. Goethe)
– die **Ideenballade,** in der es um eine ethisch-moralische Bewährung des Menschen geht (z. B. „Die Bürgschaft" von F. Schiller)
– die **heldische Ballade,** die von einer besonders mutigen oder aufopferungsvollen Tat eines Einzelnen berichtet (z. B. „John Maynard" von Th. Fontane)
– die **humoristische Ballade,** die vor allem unterhalten will (z. B. „Herr Ribbeck" von Th. Fontane)
– und im 20. Jahrhundert die **moderne Ballade** (z. B. von B. Brecht „Der Schneider von Ulm").

Gedicht und Literaturepoche

Im Sturm und Drang sind vor allem die numinose Ballade und die Ideenballade von Bedeutung; daher stammen auch die weiteren Balladenbeispiele aus anderen Epochen.

Und nun an die Arbeit!
Die Ballade, die ich ausgesucht habe, ist von Johann Wolfgang v. Goethe, dem Balladenfachmann; sie heißt „Der Fischer".

Originaltext

Der Fischer

1 Das Wasser rauscht', das Wasser schwoll,
Ein Fischer saß daran,
Sah nach der Angel ruhevoll,
Kühl bis ans Herz hinan.
5 Und wie er sitzt und wie er lauscht,
Teilt sich die Flut empor;
Aus dem bewegten Wasser rauscht
Ein feuchtes Weib hervor.

Sie sang zu ihm, sie sprach zu ihm:
10 Was lockst du meine Brut
Mit Menschenwitz und Menschenlist
Hinauf in Todesglut?

Ach wüßtest du, wie's Fischlein ist
So wohlig auf dem Grund,
15 Du stiegst herunter, wie du bist,
Und würdest erst gesund.

Labt sich die liebe Sonne nicht,
der Mund sich nicht im Meer?
Kehrt wellenatmend ihr Gesicht
20 Nicht doppelt schöner her?
Lockt dich der tiefe Himmel nicht,
Das feuchtverklärte Blau?
Lockt dich dein eigen Angesicht
Nicht her in ewgen Tau?

25 Das Wasser rauscht', das Wasser schwoll,
Netzt' ihm den nackten Fuß;
Sein Herz wuchs ihm so sehnsuchtsvoll,
Wie bei der Liebsten Gruß.
Sie sprach zu ihm, sie sang zu ihm –
30 Da wars um ihn geschehn:
Halb zog sie ihn, halb sank er hin,
Und ward nicht mehr gesehn.

(Johann Wolfgang von Goethe)

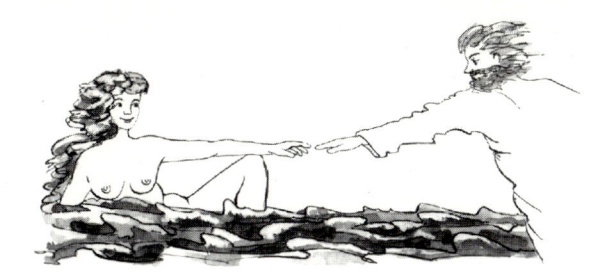

Interpretationsaufgabe

1. Lies den Text mehrmals laut.
2. Bereite ihn farbig für die wichtigsten formalen Beobachtungen vor: Aufbau, Metrum, Reim, Zeilenende, Satzbau, sonstige gestalterische Mittel.
3. Sage in 1–2 Sätzen, worum es in dieser Ballade geht.
4. Interpretiere den Text abschnittweise, indem du deine Beobachtungen (aus Punkt 2) einbaust und auswertest!
   Wenn du wenig Zeit hast, kannst du dich auf die beiden ersten Abschnitte beschränken.

Übung A 13

Das Erlebnisgedicht im Sturm und Drang

Von Erlebnisgedicht spricht man, wenn ein persönliches, einmaliges Erlebnis die Grundlage für ein Gedicht bildet, wenn der Dichter also seine eigenen Erfahrungen (Liebe, Leid, Sehnsucht, Hoffen ...) auf eine dichterische Ebene hebt.

– „Gefühl ist alles, / Name Schall und Rauch" läßt Goethe Faust sagen. Dieser Satz könnte als Motto über der Erlebnislyrik des Sturm und Drang stehen. Das Gefühl des lyrischen Ichs, eines **einmaligen persönlichen Ichs**, tritt in den Vordergrund. Erinnere dich an das Ich im Barockgedicht; dort stand es stellvertretend für die Gesellschaft.

– Das lyrische Ich scheut sich nicht, heftige Gefühle (Liebe, Trauer, Ergriffenheit angesichts der Natur) direkt und unverfälscht darzustellen.

– Formal zeigt sich das in einem unregelmäßigen Metrum (nicht immer!) oder freien Rhythmen; viel Bewegung steckt in den Verben; vielfältig sind die Adjektive.

An einem bekannten Beispiel kannst du sehen, wie aus persönlichem Erleben Gedichte entstanden sind: Der junge Goethe lernte 1770 in Sesenheim die Pfarrerstochter Friederike Brion kennen und verliebte sich in sie. Diese Beziehung, die schon nach kurzer Zeit endete, regte ihn zur Abfassung der sogenannten „Sesenheimer Lieder" an. Sie waren ursprünglich nur für Friederike gedacht und wurden erst später veröffentlicht.
Das bekannteste dieser Gedichte, „Willkommen und Abschied", wollen wir gemeinsam interpretieren.

Gedicht und Literaturepoche

Originaltext

Willkommen und Abschied
Erste Fassung

1 Es schlug mein Herz. Geschwind, zu Pferde!
   Und fort, wild wie ein Held zur Schlacht.
   Der Abend wiegte schon die Erde,
   Und an den Bergen hing die Nacht.
5 Schon stund im Nebelkleid die Eiche
   Wie ein getürmter Riese da,
   Wo Finsternis aus dem Gesträuche
   Mit hundert schwarzen Augen sah.

   Der Mond von einem Wolkenhügel
10 Sah schläfrig aus dem Duft hervor,
   Die Winde schwangen leise Flügel,
   Umsausten schauerlich mein Ohr.
   Die Nacht schuf tausend Ungeheuer,
   Doch tausendfacher war mein Mut,
15 Mein Geist war ein verzehrend Feuer,
   Mein ganzes Herz zerfloß in Glut.

   Ich sah dich, und die milde Freude
   Floß aus dem süßen Blick auf mich.
   Ganz war mein Herz an deiner Seite,
20 Und jeder Atemzug für dich.
   Ein rosenfarbes Frühlingswetter
   Lag auf dem lieblichen Gesicht
   Und Zärtlichkeit für mich, ihr Götter,
   Ich hofft' es, ich verdient' es nicht.

25 Der Abschied, wie bedrängt, wie trübe!
   Aus deinen Blicken sprach dein Herz.
   In deinen Küssen welche Liebe,
   O welche Wonne, welcher Schmerz!
   Du gingst, ich stund und sah zur Erden
30 Und sah dir nach mit nassem Blick.
   Und doch, welch Glück, geliebt zu werden,
   Und lieben, Götter, welch ein Glück!

(Johann Wolfgang von Goethe, 1771)

Interpretationsaufgabe

Übung A 14

1. Beginne wie immer mit lautem und betontem Lesen.
2. Untersuche Form, Aufbau, Metrum, Reim, Satzbau; markiere farbig die wichtigen gestalterischen Mittel.
3. Formuliere in einigen Sätzen, worum es in diesem Text geht.
4. Versuche nun, Formales und Inhaltliches zu verbinden und schreibe eine Gesamtinterpretation.
5. Überlege dir zusätzlich, welche Merkmale typisch für die Epoche des Sturm und Drang sind.

7.4 Das moderne Gedicht

Modern – was heißt das wohl? Etwa soviel wie ‚in', ‚zeitgemäß', ‚letzter Schrei'?
Versuche einmal, für dich selbst eine Definition zu finden. Es ist nicht so einfach, oder? Auch in den Literaturgeschichten wird die Frage, was ‚modern' oder ‚Moderne' heißt, ganz unterschiedlich beantwortet.

Dazu zwei Beispiele aus den Literaturgeschichten, die ich dir auf S. 33 empfohlen habe:

– Die „Geschichte der deutschen Literatur von den Anfängen bis zur Gegenwart" enthält ein Kapitel „Die Entfaltung der Moderne (1910 – 1930)"; sie legt also den Beginn der **modernen Literatur** an den Anfang dieses Jahrhunderts. Sie begründet dies mit den umwälzenden politischen, sozialen und künstlerischen Neuerungen, die diese Zeit bestimmten.

– Helmut Nürnberger („Geschichte der deutschen Literatur") und Kurt Rothmann („Kleine Geschichte der deutschen Literatur") vermeiden den Begriff ‚Moderne' weitgehend; sie ersetzen ihn durch **‚Literatur der Gegenwart'** und lassen diese Gegenwart 1945 beginnen, nach dem deutlichen Einschnitt des Kriegsendes.

Der Meinung von Nürnberger und Rothmann wollen wir uns anschließen: **Moderne Lyrik** heißt also im folgenden **Lyrik nach 1945 bis zur Gegenwart.**

Gedicht und Literaturepoche 47

Formen und Kennzeichen der Lyrik nach 1945

Nach dem Ende des 2. Weltkriegs hat sich die Lyrik in vielfacher Weise entwickelt; es ist daher sehr schwer, die unterschiedlichen Strömungen auf einen Nenner zu bringen. Dies muss dir bewusst sein, wenn ich nun einige Tendenzen und Merkmale anführe.

– Nach 1945 zeigt sich eine Entwicklung, die wegführt von fest gefügten Formen und starrer metrischer Gebundenheit: es kommt zu einer **Ablehnung der Regelhaftigkeit.**

Ernst Jandl, ein moderner österreichischer Autor, hat sich z. B. über das traditionelle Sonett, das die barocken Dichter so schätzten (wie du weißt), auf folgende Weise lustig gemacht:

Originaltext

sonett 1	sonett 2
ABNETT	SONETT
BENETT	SONETT
ERNETT	SONETT
ANNETT	SONETT
DANETT	SONETT
ESNETT	SONETT
GENETT	SONETT
JANETT	SONETT
IMNETT	SONETT
OBNETT	SONETT
DUNETT	SONETT
INNETT	SONETT
WONETT	SONETT
ZUNETT	SONETT

Du verstehst sicher, was er sagen will: Das Sonett ist heutzutage überholt, weil es den Inhalt in ein zu starres Korsett zwängt und ihn dabei unter Umständen vernachlässigt.

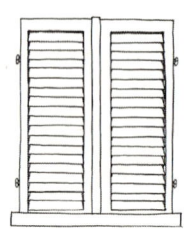

– Die **Bilder und Metaphern** im modernen Gedicht werden zunehmend **schwieriger und verschlossener,** man spricht deshalb auch von **hermetischer** (= verschlossener) Lyrik.

– In modernen Gedichten gibt es **keine thematische Einschränkung;** Liebe, Natur, Leid und Freude werden ebenso thematisiert wie Alltag, Umweltsorgen und politische Missstände.

Von den vielen Themengruppen habe ich nur zwei herausgegriffen: das Naturgedicht und das zeitkritische Gedicht.

Gedicht und Literaturepoche

Das moderne Naturgedicht

Wie moderne Naturgedichte aussehen können, hast du bereits an unseren ersten Übungsgedichten gemerkt; lies vielleicht „Raubritter", „Fröhlicher Regen" und „Wolken, Wind und Wälder weit" noch einmal und lasse sie auf dich einwirken.

Es sind Texte, die zwar kunstvoll ‚gemacht' sind, die aber inhaltlich kaum Verständnisschwierigkeiten bereiten. Wir müssen nicht nach tieferen Bedeutungsebenen suchen, es ist alles so gemeint, wie es dasteht.

Damit du aber auch schwierigere Naturgedichte verstehen und interpretieren kannst, wollen wir dies an einem weiteren Text üben.

Interpretationsaufgabe

Übung A 15

1. Lies das Gedicht aufmerksam und laut.
2. Versuche – ausgehend von der Überschrift – in 1 bis 2 Sätzen zu sagen, wovon das Gedicht handelt.
3. Beschreibe den Aufbau; untersuche, ob Reim und Metrum vorhanden sind. Mache dich mit den wichtigsten Stilmitteln vertraut. Überlege, was mit den Ausdrücken ‚Schmiede des Wassers' (Z. 2), ‚Wappentier' (Z. 6), ‚hieroglyphisch' (Z. 7), ‚Tangwälder von Träumen' (Z. 9), ‚Bürgerrecht versunkener Städte' (Z. 11) gemeint sein könnte.
4. Versuche dann eine Deutung des Textes!

Strand mit Quallen

Originaltext

1   Sterntaler, Meertaler,
     geprägt in der Schmiede des Wassers
     unter der Herrschaft nicht mehr verehrter Könige.
     Silberner Schleim, erstarrt im Dezemberfrost.
5   Undeutbar
     das rötlich durchscheinende Wappentier,
     hieroglyphisch die Inschrift.

     Verborgen sind die Märkte,
     wo Tangwälder von Träumen gehandelt werden,
10 Anteile am Regen, der ins Meer fällt,
     und das Bürgerrecht der versunkenen Städte.

     Die Armut bückt sich nicht,
     die Kiefer dreht sich landeinwärts.
     Niemand wird erwartet außer dem Wind.

(Günter Eich, 1955)

Gedicht und Literaturepoche

TIPP

Manche dieser Texte enthalten Stellen, die so schwer verständlich sind, dass du auf sie nur mit Assoziationen (= spontanen Vorstellungen) reagieren kannst. Es gibt für sie **nicht nur eine Lösung.** Scheue dich also nicht zu sagen:

Diese Stelle ist schwer verständlich; ich glaube, der Autor meint …
oder:

Wenn ich diese Stelle lese, denke ich an …
oder:

Vielleicht könnte hier … angedeutet sein …

Das zeitkritische moderne Gedicht

Du hast bereits gesehen, dass die Lyrik jeweils stark von der Epoche geprägt ist, in der sie entstand.

Lebensweise und Lebensumstände fließen in die Lyrik ein, bestimmen Form und Inhalt. Einige Leute meinen zwar, ein Gedicht dürfe nur schön, aber nicht kritisch sein – das ist natürlich Unsinn! Gerade das Gedicht kann auf sehr feine Art Kritik üben, ohne dass es dadurch zu einem schlechten Gedicht wird; und Zustände, die man kritisieren kann, gibt es mehr als genug.

Zur Übung liegt dir ein Gedicht vor, das dir zeigt, wie früh der Autor bereits Missstände erkannt und benannt hat: „Frankfurt" von Hans Kaspar.

Übung A16

Interpretationsaufgabe

Du solltest diesmal ohne Arbeitsaufträge auskommen; das Muster für eine Interpretation kennst du nun schon lange. Im Lösungsteil findest du eine komplette Musterlösung.

Gedicht und Literaturepoche

Frankfurt *Originaltext*

1   Zehntausend Fische ersticken
    Im öligen Main.
    Kein
    Grund für die Bürger der Stadt
5   Zu erschrecken.

    Die
    Strömung ist günstig,
    Sie treibt
    Das
10 Heer der silbernen Leichen,
    Der fliegengeschmückten,
    Rasch
    An den Quais vorbei.

    Der Wind
15 Verweht den Geruch,
    Ehe er unsere verletzlichen Sinne
    Erreicht.
    Alles
    ist auf das beste geordnet.

(Hans Kaspar, 1957)

Ein weiteres Beispiel moderner politischer Lyrik wollen wir gemeinsam betrachten, es ist ein Gedicht von Reiner Kunze. Einen kurzen Lebenslauf findest du in der bereits erwähnten Literaturgeschichte von H. Nürnberger:

Reiner Kunze (1933) *Originaltext*
geboren in Oelsnitz/Erzgebirge, Sohn eines Bergarbeiters, 1951–59 Student (Philosophie und Journalistik) sowie Assistent an der Universität Leipzig. Nach seiner vor der Promotion erfolgten Entlassung zunächst Hilfsschlosser im Schwermaschinenbau, 1961/62 in der ČSSR, danach – unter zunehmendem politischem Druck – freier Schriftsteller in Greiz (Thüringen). Erhielt zahlreiche westliche Literaturpreise, wurde Mitglied der Bayerischen Akademie der Schönen Künste, aber 1976 aus dem Schriftstellerverband der DDR ausgeschlossen. Im April 1977 Übersiedlung in die Bundesrepublik Deutschland. Büchner-Preis 1977.

Dieser Lebenslauf eines unter politischem Druck stehenden Dichters soll dir helfen, das folgende Gedicht zu verstehen, das in der ersten Fassung bereits 1962 erschien:

Originaltext

Das Ende der Kunst

1 Du darfst nicht, sagte die eule zum auerhahn,
   du darfst nicht die sonne besingen
   Die sonne ist nicht wichtig

   Der auerhahn nahm
5 die sonne aus seinem gedicht

   Du bist ein künstler,
   sagte die eule zum auerhahn

   Und es war schön finster.

Übung A 17

Interpretationsaufgabe

1. Lies das Gedicht laut (Pausen empfehlen sich nach der dritten, der fünften, der siebten Zeile und vor allem zwischen den Wörtern ‚schön' und ‚finster').
2. Untersuche Aufbau, Metrum, Reim, besondere Stilmittel!
3. An welche andere Textsorte erinnert dich dieses Gedicht und warum?
4. Versuche nun eine schrittweise Wiedergabe des Textes, in die du die gestalterischen Mittel einbaust!
5. Die Überschrift „Ende der Kunst" weist dich darauf hin, dass es sich hier nicht um eine harmlose Tiergeschichte handelt und auch Kunzes Lebenslauf kann dir eine Hilfestellung geben.

   Wie lassen sich die einzelnen Figuren und die Sonne in eine andere Ebene übertragen?

(Die Lösung zu 5. findest du unter Übung B 20 des Kapitels ‚Erörterung', vgl. S. 167)

Unser **letztes Beispiel** moderner politischer Lyrik entstand im Jahre 1991. Es hat die allerneueste deutsche Geschichte zum Hintergrund; sein Autor ist **Durs Grünbein**.

Durs Grünbein wurde 1962 in Dresden geboren, er verließ die DDR 1985 und lebt seitdem in Berlin. Die Vorgänge um die ‚Wende' und die Vereinigung der beiden deutschen Staaten hat er mit kritischer Aufmerksamkeit beobachtet. Sein Gedichtband „Schädelbasislektion" ist 1991 erschienen; Grünbein erhielt 1995 den angesehenen Georg-Büchner-Preis.

Gedicht und Literaturepoche

Hier nun der Text des ausgewählten Gedichtes:

Originaltext

1   Schwachsinn, zu fragen wie es dazu kam.
     Es war der falsche Ort, die falsche Zeit
     Für einen Stummfilm mit dem Titel VOLK.
     Die Luft war günstig für Vergeblichkeit,
5   Das Land weit übers Datum des Verfalls.
     „Alles was schiefgehn kann, wird schiefgehn"
     War noch der kleinste Nenner wie zum Trost
8   Das Echo, anonym „Ich war dabei …".

Interpretationsaufgabe

Übung A18

Nach all den Übungen, die du bereits hinter dir hast, kennst du das Schema, nach dem du vorgehen kannst:

1. Lies den Text laut, am besten zweimal. Bei diesem Text musst du besonders darauf achten, wie die Zeilen 6–8 vom Satzbau her zusammenhängen könnten. Da in den Zeilen 6 und 7 wenig Satzzeichen vorhanden sind, gibt es mehr als eine Möglichkeit zu lesen.
2. Versuche – ausgehend von dem, was du dem Gedicht und dem Lebenslauf von D. Grünbein entnehmen kannst – in einem Satz zu sagen, worum es in diesem Text geht.
3. Untersuche das Gedicht hinsichtlich Aufbau, Reim, Metrum, Satzbau und wichtiger sprachlicher Mittel.
4. Schreibe nun die Interpretation; baue die in Punkt 3 gewonnenen Erkenntnisse so ein, dass Form und Inhalt eine Einheit bilden.
5. (Nur wenn du Lust hast!)
Reizt dich der Text zu Widerspruch oder Zustimmung? Dann schreibe eine kurze persönliche Stellungnahme zu der Aussage dieses Gedichts.

> Die Interpretation und deine persönliche Meinung solltest du stets klar trennen.

TIPP

Auf Seite 150 ff. findest du zu den Punkten 2 und 3 Hinweise, zu Punkt 4 eine Musterlösung.

Mit dieser Übung schließt der Gedichtteil dieses Buches. Ich bin überzeugt, dass du dir das richtige Handwerkszeug für Interpretationen angeeignet hast und dass du dich beim nächsten Versuch in der Schule sicher fühlen wirst. Vielleicht macht dir das Interpretieren in Zukunft sogar richtig Spaß! Das wäre der schönste Erfolg.

8. Wichtige Begriffe zur Gedichtinterpretation

■ **Allegorie** (der Begriff stammt aus dem Griechischen = „anders reden, bildhaft reden")
Die **bildhafte Umschreibung** eines Begriffs oder Gedankens; dies kann durch **Personifikation** geschehen (der Tod als **Sensenmann**; die Armut als **Bettler** oder „Justitia" mit **Waage und verbundenen Augen:** eine Allegorie für Gerechtigkeit).

■ **Anapäst** siehe Metrum

■ **Alliteration** Hervorhebung bestimmter Wörter durch gleichen Anlaut (auch in Redewendungen noch erhalten: „mit **K**ind und **K**egel", „**H**aus und **H**of"...).

■ **Anapher** **Wiederholung des ersten Worts** einer Verszeile in der oder den nächsten Zeile/n; Mittel zur Betonung und Hervorhebung:

Beispiel

Wolken, Wind und Wälder weit,
…
Wolken sind mein Traumgefild (Vegesack)

■ **Ballade** (von ital. ballata = „Tanzlied")
Ein **Erzählgedicht,** das **alle drei Gattungen** (Drama, Epik, Lyrik) in sich vereinigt. Lyrische Elemente: Strophenform, oft Metrum und Reim; dramatische Elemente: Rede/Gegenrede, Spannungsaufbau; epische Elemente: ein Geschehen wird erzählt in meist linearer Abfolge. Es gibt **numinose Balladen,** in denen der Kampf des Menschen mit überirdischen Kräften dargestellt wird (Goethe, „Erlkönig"); **Ideenballaden,** die ein ethisches Problem abhandeln (Schiller, „Die Bürgschaft"); **historische Balladen** (Uhland, „Als Kaiser Rotbart lobesam..."); **Heldenballaden** (Meyer, „Die Füße im Feuer") und **humoristische Balladen** (Münchhausen, „Die Lederhosensaga").

■ **Bild** Sammelbegriff für eine Reihe von **Ausdrucksformen,** die anschaulich sind, die beim Lesen oder Hören ein Bild hervorrufen. Auch die Alltagssprache kann bildhaft sein (z. B. „**riesigen** Hunger haben", „**fließend** Englisch sprechen"; aber auch in Ausdrücken wie „Tischbein", „Redeschwall" u. a. ist ein Bild erkennbar). Kompliziertere

Formen von **Bildern,** die mit Vorliebe in der Lyrik verwendet werden, sind:

Metapher: Ein **Sprachbild,** das dazu dient, etwas Abstraktes zu verdeutlichen, es zu erhellen, ihm einen **neuen Aspekt** abzugewinnen:

> Der **Port** naht mehr und mehr sich
> zu **der Glieder Kahn** (Gryphius) *Beispiel*

„Port" steht hier für das Ende des Lebens, es vermittelt Geborgenheit, Ankommen, zur Ruhe kommen; „Der Glieder Kahn" zeigt den Menschen als ein dem Ende zustrebendes Wesen, dessen Lebensbahn vorbestimmt ist. Die beiden Metaphern haben hier viel mehr ausgedrückt als die konkreten Begriffe ‚Leben' und ‚Tod'.

Chiffre: (franz. = „Geheimzeichen")
Eine vor allem in der modernen Lyrik oft vorkommende **verschlüsselte Metapher,** die der Leser nur aus dem Zusammenhang erschließen kann und die ihn oft ratlos lässt: **„Schwarze Milch der Frühe"** in Celans Gedicht „Todesfuge" ist z. B. nur aus dem Zusammenhang heraus als Chiffre für den Tod zu verstehen.

Personifikation: Durch sie werden Dinge oder Begriffe **vermenschlicht,** zu lebendigen Wesen gemacht:

> Die Nacht **schwingt** ihre **Fahn**… (Gryphius) *Beispiel*
> Der Abend **wiegte** schon **die Erde**… (Goethe)

Symbol: Ein **Sinnbild,** ein **Zeichen,** das auf etwas anderes hinweist; mit diesem ‚Anderen' ist es fest verbunden (z. B. das **Kreuz** als Symbol für die christliche Kirche).

■ **Binnenreim** siehe Reim

■ **Chiffre** siehe Bild

■ **Daktylus** siehe Metrum

■ **Enjambement** (franz. = „Überschreitung")
Auch **Zeilensprung** genannt; wenn bei einem Gedicht das Zeilenende von Satzbau, Sinn und Metrum her eng mit der nächsten Zeile zusammengehört, spricht man von einem Enjambement:

Beispiel

... In den Blättern singt
Eine Silberuhr ...   (Britting)

Das Enjambement macht einen lyrischen Text fließender und verhindert leierndes Lesen.

- **Freie Rhythmen**

   Verse, die **metrisch nicht gebunden** sind und meist auch **nicht in Strophenform** gefasst sind, nennt man freie Rhythmen.

- **Hebung/ Senkung**

   siehe Metrum

- **Jambus**

   siehe Metrum

- **Metonymie**

   (griech. = „Namensvertauschung")
   Das, was ausgedrückt werden soll, wird mit einem **anderen Ausdruck vertauscht**, z. B. „ich trinke **Mosel**" (Wein von der Mosel); „ich lese **Schiller**" (seine Werke).

- **Metrum (Versmaß)**

   Vielen lyrischen Texten liegt eine **regelmäßige Abfolge** von **betonten und unbetonten Silben** zugrunde; man nennt sie dann **metrisch gebunden;** die betonten Silben bezeichnet man als **Hebung,** die unbetonten als **Senkung;** die Spanne von Hebung zu Hebung ist ein **Takt.** Es gibt vier unterschiedliche Taktarten:

   Jambus: Er besteht aus einer unbetonten und einer betonten Silbe: ◡ ́/◡ ́/◡ ́/

   Trochäus: Einer betonten folgt eine unbetonte Silbe: ́◡/ ́◡/ ́◡/

   Daktylus: Einer betonten folgen zwei unbetonte Silben: ́◡◡/ ́◡◡/ ́◡◡/

   Anapäst: Er besteht aus zwei unbetonten und einer betonten Silbe: ◡◡ ́/◡◡ ́/◡◡ ́/

   In der deutschen Lyrik zählt man die Hebungen. Ist das Metrum ebenmäßig (ohne Ausnahmen), nennt man es ein **alternierendes Metrum.**

   Zwei besondere Taktreihen sollen erwähnt werden:

   Alexandriner: Ein **jambischer Reimvers** (mit 12 oder 13 Silben), der in der Mitte eine deutliche Teilung aufweist (Zäsur): ◡ ́/◡ ́/◡ ́//◡ ́/◡ ́/◡ ́/◡

Hexameter:	Er besteht aus sechs daktylischen Takten, wobei der letzte Takt unvollständig ist: /◡◡/◡◡/◡◡/◡◡/◡◡/◡
■ Oxymoron	Stilfigur, bei der **zwei Begriffe** aufeinander treffen, die **nicht zueinander passen,** z. B. „süßer Schmerz", „alter Knabe."
■ Paarreim	siehe Reim
■ Personifikation	siehe Bild
■ Prosa	Sprachform, die **nicht durch Metrum oder Reim gebunden** ist, sogenannte ungebundene Sprache. Sie reicht von der relativ einfachen Prosa der Umgangssprache bis zur stilistisch ausgefeilten Kunstprosa.
■ Reim	Bedeutet **Gleichklang** von Wörtern in verschiedenen Verszeilen vom letzten betonten Vokal an: **Endreim.** Endet der Reim mit einer betonten Silbe, spricht man von **männlichem** oder **stumpfem Reim;** ist die letzte Silbe jedoch unbetont, nennt man den Reim **weiblich** oder **klingend.** Es können sich auch über mehrere Strophen hinweg unregelmäßige Reimmuster ergeben. Gedichte können, müssen aber nicht gereimt sein. Es gibt folgende Endreimschemata:
Paarreim:	aa bb cc dd ...
Kreuzreim:	abab cdcd
Umarmender Reim:	abba cddc
■ Sonett	Es ist streng aufgebaut und besteht meist aus **zwei** vierzeiligen Strophen (**Quartetten**) und **zwei** dreizeiligen (**Terzetten**). Das Reimschema kann so aussehen: abba abba cdc dcd; es gibt aber eine Reihe von anderen Möglichkeiten: abab/abab/cdc/dcd abba/abba/cde/cde Petrarca-Typ abba/abba/ccd/eed abba/abba/ccd/ede Ronsard-Typ abab/cdcd/efef/gg Shakespeare-Typ

■ Strophe

Wenn eine **bestimmte Anzahl von Verszeilen** zu einer **Einheit** wird, die sich wiederholt, spricht man von Strophe. ‚Zusammengehalten' werden die Strophen oft durch ein bestimmtes **Reimschema** (siehe Sonett).

Im Druck wird eine Strophe von der anderen durch einen größeren Zeilenabstand abgerückt.

Es gibt eine Vielzahl von Strophenformen, von denen nur drei wichtige genannt werden sollen:

– die einfache **Liedstrophe;** sie ist vierzeilig und enthält meist Paar- oder Kreuzreim

– die **Sonettstrophen** (siehe Sonett)

– die **Chevy-Chase-Strophe;** sie besteht aus vier Kurzversen (drei- oder vierhebigen Jamben) mit männlichem Ende; Strophenform vieler Balladen.

Erörterung

Eine goldene Regel vorweg - ehe du mit der Arbeit beginnst: Du kennst vielleicht die alte Geschichte mit den zwei Fröschen, von denen einer ein Optimist, der andere ein Pessimist ist. In einen großen Bottich mit Milch geworfen, gibt der pessimistische Frosch schnell auf und geht kläglich unter; der optimistische vertraut auf die Kraft seiner Beine und schlägt durch langes, unverzagtes Strampeln die Milch zu rettender Butter - er steigt auf den Butterklumpen und hüpft aus dem Bottich!
Ihn sollst du dir zum Vorbild nehmen: Also, **traue dir etwas zu!** Die Erörterung ist erlernbar. Sag deshalb nie: „Das liegt mir nicht! Das kann ich nicht!" Dann gehst du ‚unter' wie der pessimistische Frosch - und das möchte ich vermeiden!

Deinen Optimismus setze ich voraus; alles übrige werde ich dir erklären - damit am Ende ‚alles in Butter' ist.

1. Was heißt erörtern?

Ich könnte dir natürlich auf Anhieb sagen, was eine Erörterung ist. Bevor ich dir aber eine Definition (= Begriffserläuterung) gebe, solltest du erst einmal die folgende Diskussion zum Thema ‚Skiwoche' lesen. Dann bekommst du nämlich schon ein bisschen Ahnung, worauf es beim Erörtern ankommt – und wirst die Definition viel besser verstehen.

Klassensprecherin	(berichtet von der Klassensprecher-Versammlung, die am Tag zuvor in der 6. Stunde stattfand): *„Jetzt seid mal bitte leise! Wie ihr wisst, haben wir gestern in der Versammlung über die Skiwoche für die 8. Klassen gesprochen. Es gab ein irres Durcheinander an Meinungen. Ich sag euch lieber gleich mal das Ergebnis: Die SMV schlägt vor, zu Gunsten der Umwelt in Zukunft auf die Skiwochen zu verzichten.*	*Diskussion*
	(Großes Protestgeschrei: „gemein"... „typisch"... „weil wir jetzt dran sind"...)	
	Wir sollen jetzt mit euch diskutieren und herausfinden, was ihr denkt. Dann findet in der nächsten Woche nochmal eine Versammlung statt."	

Holger:	„Das ist ja das Gemeinste, was ich seit langem gehört habe. Zwei Jahre warten wir schon auf das Skilager – und jetzt?!"
Karin:	„Das stimmt, und bei der Einschreibung hat man uns klar versprochen: 6. Klasse Schullandheim, 8. Klasse Skilager."
Max:	„Aber wahr ist das schon, dass die vielen Skifahrer die Berge kaputtmachen. Wir waren im Sommer in Deutschnofen in Südtirol, und da haben wir die vielen kaputten Hänge und hässlichen Skilifte selber gesehen."
Birgit:	„Ja, das stimmt auch für die Allgäuer Berge, die im Winter richtig überfüllt sind."
	(Gelächter wegen des Wortes ‚überfüllt'.)
Lucy:	„Ich möchte noch etwas zu Max sagen: Die Skilifte werden doch nicht wegen uns gebaut. Die Pisten sind doch schon da. Und wir sind doch nur 24. Wie sollen wir da etwas kaputtmachen?"
Tini:	„So ein dummes Argument! Wenn das alle Skifahrer sagen würden! Jeder Skifahrer ist doch immer nur einer." (Gelächter). „Aber alle zusammen, das ist zuviel. Und die Schulen sollten sich doch besser verhalten als andere Leute und nicht noch mehr Kindern das Skifahren beibringen."
Lucy:	„Aber wir können es doch schon, nur drei von uns sind Anfänger."
Klassensprecherin:	„Moment – ich habe vergessen zu sagen, dass auch fast alle Sportlehrer gegen die Skiwoche sind. Sie wollen diese Woche aber nicht einfach wegfallen lassen, sondern sie schlagen eine alternative Sportwoche vor, mit Wandern, Bergsteigen, Tennis, Kennenlernen von Tieren und Pflanzen in den Alpen - und so was."
Peter:	„Das ist ja langweilig - wie ein Wandertag! Skifahren ist viel spannender und mit der Schule auch viel billiger als allein."
Klassensprecherin:	„Das muss, glaub ich, nicht langweilig sein. Fragt doch mal die aus der 9. Klasse, wie es letztes Jahr war. 9 Schüler haben nämlich die alternative Sportwoche gewählt; denen hat es prima gefallen."
Max:	„Außerdem, finde ich, reden alle von Umweltverschmutzung, äh, Umweltzerstörung, aber wenn sie selber mal ein Papier im Pausenhof aufheben oder auf die Skiwoche verzichten sollen, geht das Gemecker los."...

Die Diskussion ging noch eine Weile weiter und drehte sich ein wenig im Kreis. Am Ende ließ die Klassensprecherin abstimmen; es gab eine knappe Mehrheit für die normale Skiwoche; es wurde ferner aber auch der Vorschlag gemacht, beides abzuhalten und die Schüler und Schülerinnen wählen zu lassen.

Was du gerade gelesen hast, ist eine **mündliche Erörterung** des Problems Skiwoche! Schüler haben spontan gesagt, ob sie für oder gegen eine Skiwoche in der 8. Klasse sind, und sie haben versucht, ihre Meinung zu begründen, sie so zu ‚bringen', dass die anderen von dieser Meinung überzeugt werden und dann entsprechend abstimmen.

Situationen, in denen du jemanden überzeugen willst, fallen dir sicher ein:

– Du möchtest mehr Taschengeld.
– Du willst dir einen bestimmten Film anschauen.
– Du willst bei Freunden übernachten.
– Du möchtest eine Party geben.
– Du willst dir das Mountainbike deines Freundes ausleihen.

Da musst du dir schon Mühe geben, deinen Freund oder deine Eltern von deinem Wunsch zu überzeugen. Du siehst, du hast bereits langjährige Übung im Argumentieren – du kannst es schon, weil du fast täglich übst!

Allerdings zeigt dir die Skiwochen-Diskussion auch, dass beim Gespräch häufig **Fehler** gemacht werden, die bei einer schriftlichen Erörterung – und eigentlich auch in einer mündlichen Aussprache – nicht gemacht werden sollten:

– Einige Formulierungen sind verallgemeinernd (siehe Tini, Max).
– Argumente wiederholen sich (siehe Birgit), wenn man nicht zuhört, was der andere gesagt hat.
– Gute Argumente fallen einem oft erst nach der Diskussion ein.

Was die **Definition** der Erörterung angeht, bist du jetzt aber schon ein gutes Stück weiter: Du weißt, dass sie so etwas wie eine **Diskussion in schriftlicher Form** ist. Aber zugleich hast du erkannt, dass es doch ein Stück Weg ist von der mündlichen Diskussion zur schriftlichen Erörterung.

– Die schriftliche Erörterung ist eine Aufsatzart, bei der nicht so sehr deine Phantasie gefordert ist, sondern vielmehr deine Fähigkeit zu **denken, deine Gedanken zu ordnen** und **klar auszudrücken**.
– Natürlich kann man nur ordnen, wenn ‚Stoff' da ist – du brauchst also **Ideen und Kenntnisse!**
– Das bedeutet, dass du einen Sachverhalt gründlich ‚durch'-denken musst, dass du ihn von allen Seiten **beleuchtest** und **betrachtest**.
– Ganz wichtig! Du musst **Zeit** und **Geduld** mitbringen, denn vom gestellten Thema bis zum fertigen Aufsatz ist es ein langer Weg.

Begriff Erörterung

2. Die verschiedenen Formen der Erörterung

Du weißt vielleicht schon, dass es nicht nur eine Form der Erörterung gibt, sondern mehrere, nämlich vier. Dieses Kapitel soll dir dazu verhelfen, dass du sie erkennst und sie benennen kannst.

2.1 Die dialektische Erörterung

Dieser Typ wird dir sehr häufig begegnen. ‚Dialektisch' hat nichts mit Dialekt zu tun, sondern mit der Tatsache, dass bei dieser Art von Thema nach dem Für und Wider, dem **Pro und Kontra** einer Sache gefragt wird; dialektisch kommt nämlich von dem griechischen Verb ‚dialegomai', und das heißt nichts anderes als ‚überlegen, sich unterhalten, diskutieren'. Der Ausdruck dialektisch betont also das Gegenüberstellen von Argumenten.

Hier einige Themenbeispiele, die dir zeigen sollen, wie das gemeint ist. Das erste bezieht sich auf die Skiwochendiskussion:

Themenbeispiele | *„Was spricht für, was gegen das Abhalten von Skiwochen in der 8. Klasse?"*

Oder – direkt nach der Meinung fragend:

„Was spricht deiner Meinung nach für und gegen eine Skiwoche in der 8. Klasse?"

Und nun aus einem anderen Bereich:

„Was spricht dafür, was dagegen, dass 15-Jährige mit Freunden Urlaub machen?"

Wie man solche Themen erschließt, gliedert und ausführt (= schriftlich formuliert), dazu erfährst du in den weiteren Kapiteln noch einiges.

2.2 Die Belegerörterung oder steigernde Erörterung

Themenbeispiel | *„Erörtere, warum Skiwochen für Schüler der 8. Klassen weiterhin stattfinden sollten!"*

An diesem typischen Beispiel für eine Belegerörterung siehst du, dass es hier nicht um Pro und Kontra geht! Du hast vielmehr die Aufgabe, **das zu belegen, was in dem Thema behauptet** wird. Derjenige, der sich das Thema ausgedacht hat, will von dir nur wissen, was für die Skiwochen spricht; alles andere interessiert ihn nicht. Du merkst schon, dieses Thema engt dich ein, denn was sollst du schreiben, wenn du ein Ökofreak bist, nicht Ski fährst und auch die Skiwoche nicht befürwortest?

Ganz einfach: In diesem Fall wählst du besser ein anderes Thema, bevor du Dinge schreibst, die du gar nicht meinst. Zum Trost: Es gibt meist 3 – 4 Themen zur Auswahl!

Noch ein Wort zum Begriff ‚steigernde Erörterung'. Er wird in einigen Sprachbüchern verwendet und deutet darauf hin, dass man Belegerörterungen in **steigernder Form aufbaut:** Man behandelt zuerst die unwichtigeren Punkte und dann die entscheidenden. Das erzeugt eine gewisse Spannung zum Ende des Aufsatzes hin und betont die wichtigen Aspekte besonders.
In diesem Buch bleiben wir bei dem Begriff ‚Belegerörterung', weil er häufiger benutzt wird. Was die Anordnung der Hauptargumente betrifft, darüber erfährst du mehr in Kap. 5.1.

2.3 Die Erörterung anhand von Texten

Dieser Aufsatzform liegt immer ein Text zu Grunde, der zuerst bearbeitet werden muss; dann werden die Hauptgedanken des Textes erörtert.
Eine Glosse oder ein Leserbrief aus der Schülerzeitung mit kritischen Anmerkungen zum Thema ‚Skifahren' wird vorgelegt. Das Aufsatzthema lautet nun:

„Nimm zu dieser Kritik Stellung!"

oder:

„Erörtere die drei wichtigsten Kritikpunkte!"

Das bedeutet für dich, dass du in deinem Aufsatz auf jeden einzelnen Kritikpunkt eingehen musst, indem du deine Meinung dazu äußerst und vor allem auch begründest.

Bei dieser Aufsatzart hast du viel zu tun: Du musst sowohl einen Text erfassen als auch seine wichtigsten Aussagen belegen oder widerlegen. Nähere Hinweise zu dieser Aufsatzart findest du in Kap. 8.

Themenbeispiele

2.4 Die literarische Erörterung

Sie ist Stoff der 11. Klasse und wird hier nicht behandelt. Du solltest aber wissen, was da später auf dich zukommt:
Literarische Erörterungen beziehen sich immer auf ein literarisches Werk (ein Drama, einen Roman, eine Novelle, manchmal auch auf Gruppen von Gedichten), meist auf die zuletzt besprochene Schullektüre.
Nehmen wir an, ihr habt das Drama „Wilhelm Tell" von Schiller gelesen. Ein literarisches Erörterungsthema dazu könnte lauten:

„Welche Rolle spielt die Idee der Freiheit in Schillers Drama ‚Wilhelm Tell'?"

Themenbeispiel

Ganz schön anspruchsvoll? Ja, aber Themen dieser Art werden im Unterricht vorbereitet, und du bekommst Hilfestellung.

2.5 Den Thementyp erkennen - Üben hilft weiter!

Die **Texterörterung** erkennst du natürlich daran, dass ihr ein Text zu Grunde liegt; die **literarische Erörterung** musst du jetzt noch nicht kennen. Es bleiben also zwei Typen übrig: die **Belegerörterung** und die **dialektische Erörterung**.

Lies noch einmal nach, was du zu beiden Typen erfahren hast (S. 62 f.), und beachte bitte zwei wichtige Tips, die dir helfen sollen, eine **Themaverfehlung zu vermeiden** (sie führt zur Note ‚Mangelhaft' oder ‚Ungenügend'):

TiPP

1. Betrachte das Thema genau; es ist von entscheidender Bedeutung, ob du ein Belegthema oder ein dialektisches Thema vor dir hast!
2. Lass das Thema unverändert! Wenn du versuchst, es dir nach deinen Wünschen zurechtzubiegen, entsteht möglicherweise ein ganz anderes Thema.
3. Sobald man auf eine Aufgabe mit „Ja" oder „Nein" antworten kann, ist es sicher eine **dialektische Erörterung**.

Übung B1

Und nun sollst du das Gelernte anwenden:
Es geht zunächst **nur** darum zu erkennen, um welchen **Typ von Erörterung** es sich handelt.
Decke die rechte Spalte ab und schaue erst nach, wenn du alle Themen bestimmt hast.

Themenbeispiele

1.	„Was spricht dagegen, dass Jugendliche rauchen?"	Belegerörterung
2.	„Sollten Jugendliche mit ihren Freunden in Urlaub fahren dürfen?"	dialektische Erörterung
3.	„Möchtest du lieber in der Stadt oder auf dem Land wohnen?"	dialektische Erörterung (gefordert: persönliche Entscheidung)
4.	„Sollte man es kleinen Kindern verbieten, allein fernzusehen?"	dialektische Erörterung
5.	„Warum willst du in den Ferien arbeiten?"	Belegerörterung
6.	„Ist es sinnvoll, dass Schüler in den Ferien arbeiten?"	dialektische Erörterung

Formen der Erörterung

7. „Sollten die Hausaufgaben abgeschafft werden?"	**dialektische Erörterung**
8. „Zeige auf, inwiefern Hausaufgaben eine sinnvolle Einrichtung sind."	**Belegerörterung**
9. „Sollten sich deine Eltern um die Auswahl deiner Freunde kümmern?"	**dialektische Erörterung**
10. „Sollten Schüler ab einer bestimmten Klasse bei der Auswahl ihrer Lektüre mitbestimmen dürfen?"	**dialektische Erörterung**

2.6 Mögliche Schwierigkeiten beim Erkennen des Typs

Hast du alle Themen richtig zugeordnet? Prima! Den ersten Schritt hast du geschafft!

Oder hattest du Schwierigkeiten? Zum Beispiel mit **Thema 7,** weil du Hausaufgaben hasst, noch dazu, wenn sie zu umfangreich sind? Wolltest du auf die Frage
„Sollten Hausaufgaben abgeschafft werden?"
lieber mit einem klaren ‚Ja' antworten? Dann bedenke bitte Folgendes:

1. Du warst nicht persönlich gefragt; dazu müsste die Frage etwa so formuliert sein:

   „Würdest du als Kultusminister die Hausaufgaben abschaffen?"

   In diesem Fall könntest du mit einem klaren ‚Ja' oder ‚Nein' anworten.

2. Du musst überlegen, ob es irgendwelche - vielleicht nur wenige - Kontra-Überlegungen gibt; hier z. B.:

   – Wie lernst du Vokabeln, wenn es keine Hausaufgaben mehr gibt?
   – Wie übst du Aufsatzschreiben?
   – Wie merkst du dir die vielen Fakten in Erdkunde und Bio?

Du siehst, ein spontanes Ja kann widerlegt werden. Ist dies der Fall, liegt ein Pro- und Kontra-Thema vor; dabei muss die Zahl der Argumente nicht ausgewogen sein. Du darfst also mehr Argumente gegen als für die Hausaufgaben anführen (dazu mehr in Kap. 5.1).

> Erörterungen sind immer Anworten auf Fragen.

Regel

Beim nächsten Schritt wird es etwas schwieriger:

Manchmal verbirgt sich das wahre Thema auch hinter einer **Behauptung** oder ist in einem **Zitat** versteckt. Dann musst du behutsam vorgehen und aus der Behauptung oder dem Zitat eine Frage formen, die du erörtern kannst.

Findest du die Behauptung vor:

Themenbeispiel | „Das Leben auf dem Land hat seine Licht- und Schattenseiten",

dann lautet die Frage dazu:

„Welche Vor- und Nachteile hat das Leben auf dem Lande?"

Diese sogenannte **Themafrage** spielt – wie du in Kap. 3 noch genauer sehen wirst – bei deiner Gliederung und der Ausführung eine wichtige Rolle.

Schwirig kann es werden, wenn du es mit einem Zitat zu tun hast:

Themenbeispiel | „Tätigkeit ist, was den Menschen glücklich macht." (Goethe)

Hier liegt die Themafrage nicht auf der Hand, du musst länger nachdenken. Zuerst musst du überhaupt einmal das Zitat verstehen, seine Bedeutung entschlüsseln. In unserem Beispiel etwa gilt es herauszufinden, was mit Tätigkeit gemeint ist (das Gegenteil von Nichtstun? die tägliche Arbeit?), und was ‚Glück' in diesem Zusammenhang bedeutet. Dann solltest du den Erörterungstyp feststellen.
Ein tückisches Thema, für das die Themafrage etwa lauten könnte:

„Was spricht dafür, was dagegen, dass Tätigkeit auch heute noch glücklich macht?"

Zu deinem Trost sei gesagt, daß solch schwierige Zitatthemen in der Mittelstufe sehr selten sind.

Um zu testen, ob du die Themafrage auch allein finden kannst, folgt eine kleine Übung.

Übung B2

Finde zu den folgenden vier Themen die richtige **Themafrage**!

Themenbeispiel | 1. „Die Autobahnen – Verbindungsadern und Schnitte in unserer Landschaft!"
2. „Der Klügere gibt nach!"
3. „Mein Taschengeld gehört mir, oder?"
   (Ein 14jähriger im Gespräch mit seinen Eltern)
4. „Reisen ist schön – Nichtreisen vernünftig!"

66 Formen der Erörterung

Bevor wir uns dem nächsten Lernhäppchen zuwenden, sollst du deine Kenntnisse in einem kleinen **Wiederholungskapitel** festigen.

Übung B 3

Fünf Fragen sind zu beantworten:
1. Was ist deine erste Überlegung, wenn du ein Thema vorgelegt bekommst?
2. Welche Typen von Themen gibt es?
3. In welchen Formen kann ein Thema auftreten?
4. Was tust du, wenn ein Thema von dir den Beleg einer Meinung fordert, die du nicht vertrittst?
5. Wie gehst du mit folgendem Thema um: „Wir wollten Arbeiter, aber es kamen Menschen." (Max Frisch zum Thema „Gastarbeiter")

3. Das Thema eingrenzen und aufschlüsseln

B

Du weißt nun schon einiges: Du kannst den Thementyp erkennen und Behauptungssätze und Zitate in Themenfragen umwandeln. Im nächsten Schritt sollen Themen genauer betrachtet und ‚abgeklopft' werden. Wir rücken den Themen sozusagen auf den Leib und versuchen herauszufinden, wie umfangreich sie sind und ob sie Tücken enthalten.

Die Beantwortung von **drei Fragen** kann dabei hilfreich sein:

1. Sind alle verwendeten Begriffe klar?
2. Was gehört zum Thema, was nicht?
3. Welche Schwierigkeiten könnten bei der Bearbeitung auftreten, worauf muss ich bei diesem Thema besonders achten?

Ein Beispiel soll dir zeigen, wie du vorgehen kannst; das Thema lautet:

„Sollen sich Jugendliche deines Alters Cliquen anschließen?"

| *Themenbeispiel*

Und nun zu unseren **drei Hilfsfragen**:

zu Frage 1: ‚Jugendliche deines Alters' sagt dir genau, welche Altersgruppe gemeint ist; der Begriff ‚Clique' aber muss geklärt und gegen andere Gruppierungen abgesetzt werden: Clique meint etwa: Gruppe enger Freunde/Freundinnen mit gleichen oder ähnlichen Vorstellungen und Interessen; es gibt keinen erwachsenen Leiter, der irgendwelche politischen oder religiösen Ansichten vermittelt.

zu Frage 2: Das Thema begrenzt die Problematik auf Cliquen und nicht etwa auf lockere Gemeinschaften wie den Klassenverband oder politische sowie religiöse Jugendgruppen.

zu Frage 3: Schwierig könnte es hier sein, den Erörterungstyp festzustellen; vor allem dann, wenn du selbst ein begeistertes Cliquenmitglied bist. Du könntest zu dem Schluss kommen, das Thema sei eine Belegerörterung („Warum sollten Jugendliche sich Cliquen anschließen?").

Wenn du aber nachdenkst, wirst du zugeben müssen, dass Cliquen nicht nur Vorteile haben, sondern auch Nachteile (etwa: Zeitaufwand/Beeinflussung durch die Meinung der Mehrheit ...). Das Thema ist also ein **dialektisches Erörterungsthema,** dessen Themafrage lautet:

„Was spricht dafür, was dagegen, dass Jugendliche meines Alters sich einer Clique anschließen?"

Übung B 4

Und nun sollst du zwei weitere Themen selbst ‚abklopfen'. Lege dafür die drei Fragen (vgl. oben) zurecht.

1. Sollte man es kleinen Kindern verbieten, allein fernzusehen?
2. Sollte das Rauchen an öffentlichen Schulen ganz verboten werden?

Bist du mit den Fragen zurechtgekommen? Hat das ‚Abklopfen' zu den vorgeschlagenen Überlegungen geführt? Hat es etwas länger als erwartet gedauert, bis du die Antworten gefunden hast? Das ist ganz normal und kein Grund zur Besorgnis.

Nimm dir ruhig Zeit, das Thema zu betrachten und abzugrenzen. Je gründlicher du das am Anfang deiner Arbeit tust, desto geringer ist die Wahrscheinlichkeit einer Themaverfehlung, desto besser werden später Gliederung und Aufsatz! Die ‚verlorene' Zeit holst du später leicht wieder ein!

3.1 Themen beurteilen

Wenn du eine Erörterung als Schulaufgabe oder als Übungsaufsatz schreiben musst, hast du meist 3 – 4 Themen zur Auswahl. Das ‚Angebot' könnte z. B. so aussehen:

Aufgabenbeispiel

Klasse 9c

1. Schulaufgabe aus dem Deutschen,
am 12. 11. 1996

Wähle und bearbeite eines der folgenden Themen; erstelle die Gliederung auf einem Extrablatt!

A: Sollte man es kleinen Kindern verbieten, allein fernzusehen?
B: Stelle dar, welche verheerenden Folgen der Massentourismus für viele betroffene Länder hat.
C: Autobahnen – ein Segen und ein Fluch für unser Land!

Bevor du dich für ein Thema entscheidest, solltest du dich fragen:

1. Welches Thema ist klar umrissen, kann also nicht zu einer Themaverfehlung führen?
2. Zu welchem Thema weiß ich am meisten?
3. Welches Thema macht mir am meisten Spaß?

Die Fragen stehen hier in der Reihenfolge ihrer Wichtigkeit: Zuerst solltest du dich **absichern,** dann erst an das Vergnügen denken. Gerne hätte ich zu dir gesagt: ‚Wähle, was dir am meisten Spaß macht!' Aber ich möchte dich ganz sicher zu einer guten Note hinsteuern – das bedeutet: **Risiko vermeiden!**

Die Themen unserer Beispielschulaufgabe wollen wir nun gemeinsam betrachten, und zwar unter dem Gesichtspunkt der Wählbarkeit.

Zu A: Es handelt sich hier um ein dialektisches Thema, das klar umrissen ist. Du bist sicher selbst ein praktizierender Fernseher, kennst die Programme, ihre Qualitäten, ihre Schwächen. Vielleicht hast du jüngere Geschwister und bist mit dem Problem selbst konfrontiert. Zu diesem Thema könntest du sicher ohne lange Vorbereitung eine Stoffsammlung erstellen. – Die Gefahr einer Themaverfehlung ist unwahrscheinlich.

Zu B: Das Problem ‚Massentourismus' ist bei diesem Thema zu **belegen;** ein Urteil wird nicht erwartet (Das Thema müsste sonst heißen: *„Wie beurteilst du...?"*). Den zentralen Begriff zu definieren, dürfte dir nicht schwer fallen, aber bist du mit den Auswirkungen des Massentourismus vertraut, kennst du konkrete Beispiele? Ich glaube, für dieses Thema müsstest du dich erst informieren, wenn dein Aufsatz nicht zu einem unverbindlichen Gerede werden soll. – Die Gefahr einer Themaverfehlung ist nicht gegeben.

Zu C: Dies ist ein dialektisches Thema zu einer Sachfrage (Themafrage: *„Inwiefern sind Autobahnen ein Fluch und ein Segen für unser Land?"*). Wenn du nicht zufällig ein Verkehrsexperte bist, wirst du auch hier einige Informationen einholen müssen:
Wie dicht ist unser Autobahnnetz? Wie viel Natur fiel und fällt ihm zum Opfer? Was sagen die Verkehrsexperten, was die Autoindustrie? Welche Meinung vertritt der Bund Naturschutz?

Ergebnis: Thema A ist das klarste und einfachste; zu seiner Bearbeitung genügt fleißiges Ideensammeln. Die Themen B und C sind ohne Zusatzinformationen nicht ‚machbar'. Um sie problemlos behandeln zu können, musst du entweder auf eine entsprechende Vorbereitung im Unterricht zurückgreifen oder dich anderweitig informieren (siehe unten). Geht beides nicht, würde ich an deiner Stelle B und C nicht wählen!

> Nur wenige Themen kann man durch intensives Nachdenken und Ideensammeln bearbeiten. Sie sind meist die einfachsten und sichersten. Darum wähle diese Themen bevorzugt, wenn sie klar formuliert sind – vor allem im Fall einer Schulaufgabe.
>
> Solltest du dich auch an Themen wagen, die viel Vorinformation erfordern, dann wähle sie im Fall einer Hausaufgabe oder eines Hausaufsatzes; dann hast du ja Zeit, Material zu suchen und auszuwerten.

3.2 Material für schwierige Themen finden

Material zu finden, ist nicht immer leicht. Du hast prinzipiell folgende Möglichkeiten:

- Nachschlagewerke (allgemeine Lexika, Fachlexika)
- Sachbücher
- Zeitschriften und Tageszeitungen
- Schulbibliothek (dort ist man dir beim Auffinden der richtigen Bücher sicherlich behilflich)
- Stadtbibliotheken (sie haben meist gute Stichwortkataloge)

Hinweise zu diesem Thema findest du auch im Mentorband Deutsch Aufsatz 1 (Bd. 519) im Kapitel „Referat"…

TIPP: Vorsicht bei **einseitig ausgerichteten Artikeln** oder **Abhandlungen!** Es ist z. B. nicht ratsam, dich nur bei einem Autofahrer-Magazin über Vor- und Nachteile der Autobahnen zu informieren. Da wirst du über die negativen Aspekte sehr wenig erfahren!

4. Stoff sammeln und ordnen

B

Und jetzt wird es spannend! Wir veranstalten ein **Brainstorming.** Du weißt nicht, was das ist? Man entspannt sich zuerst („relaxen' ist wohl die richtige Vokabel dafür), denkt kurz (oder länger) über ein Thema nach und schreibt dann alles auf, was einem dazu einfällt.
Für diese kreative Technik brauchst du nichts weiter als ein großes Blatt Papier und farbige Stifte. Dann läßt du dein Gehirn ‚stürmen'.
Das Thema ist dir bekannt:

„Sollte das Rauchen an öffentlichen Schulen ganz verboten werden?" | *Themenbeispiel*

Hier ein paar Vorschläge, die dir helfen, auf gute Ideen zu kommen:

– Teile dein großes Blatt in drei bis vier Bereiche ein; bei einem dialektischen Thema wie diesem vielleicht in einen Pro-Teil, einen Kontra-Teil und einen Teil für sonstige Einfälle (zu Einleitung und Schluss).
– Versuche wichtige Begriffe, die im Thema vorkommen, zu definieren oder im Lexikon nachzuschlagen.
– Notiere dir passende Beispiele.
– Halte Informationen fest, die du bereits gesammelt hast.

> Ein bewährtes Mittel zur Ideengewinnung sind auch die sogenannten ‚W'-Fragen

TIPP

Wer?	... ist von dem Problem ‚Rauchen' betroffen?
Wann?	Spielt die Zeit irgendeine Rolle?
Wo?	Ist das Thema örtlich eingegrenzt?
Wozu?	... fordert man solch strenge Verbote?
Warum?	... ist Rauchen gerade in der Schule so umstritten?
Wie?	... macht sich das Problem bemerkbar? oder: Wie könnte man solch ein Verbot durchsetzen?
Womit?	... könnte man die Anti-Raucherkampagne erfolgreicher gestalten?
Wohin?	... geht die Entwicklung im Umgang mit Zigaretten? ... mit den Rauchern, wenn man ihnen den Schulbereich verbietet?
Welche Wirkung?	... hätte ein totales Verbot/eine großzügige Raucherlaubnis?
Welche Absicht?	... verfolgt solch ein Verbot?

Stoffsammlung

Diese Fragen sind als Hilfestellung gemeint! Nicht jede Frage ist für jedes Thema sinnvoll und ergiebig (hier z. B. ist die ‚Womit'-Frage etwas abwegig!). Nütze die Fragen also vorsichtig.

Übung B5

Versuche nun einmal, anhand der Tips zu dem Raucherthema eine Stoffsammlung anzufertigen!

Hast du es geschafft? Dann solltest du die Stoffsammlung auf der nächsten Seite mit deiner vergleichen. Aber Vorsicht! Deine Stoffsammlung muss keineswegs genau so aussehen, denn:

1. Deine Stoffsammlung ist etwas, das nur dich angeht (du gibst sie z. B. nicht mit dem fertigen Aufsatz ab!).
2. Sie dient in erster Linie dazu, Material für die Gliederung zusammenzustellen.
3. Sie soll dir weiterhin helfen, an alles Wichtige zu denken, deine ‚Geistesblitze' festzuhalten.
4. Die Stoffsammlung darf ungeordnet sein, überdies kann sie auch Punkte enthalten, die du später streichst!

Beispiel Stoffsammlung

Stoffsammlung

(Soll das Rauchen an öffentlichen Schulen verboten werden?)

Rauchen – Alkohol – harte Drogen – R. eine Droge? – Suchtverhalten?

Wer?   Schüler – Lehrer – Eltern   VORBILD?

Wo?   Rauchen im Flugzeug,
       in Krankenhäusern,   Überhaupt?
       geschlossenen Räumen

VERBOT / JA	VERBOT / NEIN
– jüngere Schüler werden verleitet	– wer raucht, fühlt sich erwachsen
– Nichtraucher gesundheitlich geschädigt	– Zigaretten gibt es jetzt „light"
– Raucher natürlich erst recht!	– Verantwortung muss man lernen / selbst entscheiden
– Suchtgefahr verstärkt sich	– Verbote helfen wenig!
– verschmutzte Raucherecken	– Verbotenes reizt
– Brandgefahr	– Raucher rauchen heimlich
– Verspätung beim Unterricht wegen Zigarettenpause?	– Verbot schwer zu kontrollieren
– Schule soll erziehen – positives Vorbild	? – dauernd Krach wegen Übertretung des Verbots
– dann müssten auch die Lehrer aufhören zu rauchen!	? – Erwachsene können oft gar nicht mehr aufhören

Was geschieht nun mit diesem Gedankensalat? Richtig – er wird bearbeitet; und zwar so, wie du das auf dem Beispielblatt siehst:

– Einfälle, die **nicht** zum Thema **passen** (siehe noch einmal die Eingrenzung für dieses Thema auf Seite 68 Übung B 4), werden **gestrichen.**

– Punkte, bei denen du noch **nicht** ganz **sicher** bist, ob du sie aufnehmen, umformulieren oder streichen willst, versiehst du mit einem: ?

– Punkte, die **zusammengehören,** weil sie einem Bereich entsprechen, klammerst du zusammen: {

– Wenn du ein **Pro- und Kontra**-Thema hast – wie hier –, kannst du für die Pro-Seite eine Farbe verwenden, für Kontra eine andere (hier haben wir von vornherein **zwei Spalten** gemacht!)

Bei unserem Beispiel einer Stoffsammlung sieht die Bearbeitung so aus:

Stoffsammlung

Streichen müssen wir:

- ‚Rauchen in anderen Bereichen'; passt nicht zum Thema.
- Ebenso ist es mit ‚Wer raucht, fühlt sich erwachsen'; das ist keine brauchbare Überlegung zu der Frage, warum man das Rauchen nicht verbieten sollte.
- ‚Zigaretten gibt es jetzt light' – sollte man deshalb von einem Rauchverbot absehen? Wenig überzeugend!
- Auch der Punkt ‚Dann müssten die Lehrer ebenfalls aufhören zu rauchen' ist nicht logisch und überzeugend, sondern eher hämisch.

Fragezeichen stehen bei drei Punkten:

- ‚Verspätung beim Unterricht wegen Zigarettenpause': Ist dir der Punkt wichtig genug, um ihn abzuhandeln? Kommt diese Verspätung oft vor?
- ‚Dauernd Krach wegen der Übertretung des Verbots': Auch hier muss man sich fragen, ob der Punkt ergiebig ist. Ohne Verbot gibt es ja auch dauernd Ärger!
- ‚Erwachsene können oft gar nicht mehr aufhören': Wenn du diesen Punkt beibehalten willst, verlagert sich die Diskussion weg vom Schüler hin zu den Erwachsenen, die ja an der Schule in der Minderzahl sind; es besteht die Gefahr des Abweichens vom Thema.

Zusammenfassen lassen sich folgende Punkte:

Brandgefahr / Verspätung durch ‚Zigarettenpause' / verschmutzte Raucherecke: diese Punkte gehören zusammen, weil sie alle drei mit äußeren Umständen zu tun haben.

Man könnte sie also unter einen sogenannten **Oberpunkt** stellen; das sieht dann so aus:

Beispiel Stoffsammlung | *Negative äußere Umstände, die das Rauchen in den Schulen mit sich bringt:*
– die Brandgefahr
die mangelnde Pünktlichkeit
– verschmutzte Raucherecken

Auf ähnliche Weise lässt sich für die beiden Punkte ‚Rauchen ist gesundheitsschädigend für Raucher/Rauchen ist gesundheitsschädigend für Nichtraucher' ein Oberpunkt finden:

Beispiel Stoffsammlung | *Rauchen bringt gesundheitliche Gefahren mit sich:*
– für den Raucher
– für den Nichtraucher

Aus den Punkten der rechten Spalte: ‚Verantwortung muss man lernen / Verbotenes reizt / Verbieten nützt wenig / Verbot lässt sich schwer kontrollieren' kann folgender Oberpunkt entstehen:

Verbote im Bereich ‚Rauchen' sind problematisch:
– sie sind schwer zu kontrollieren
– Verbote reizen zum Übertreten
– die Entscheidung zu rauchen ist individuell

Beispiel Stoffsammlung

Aus den Punkten ‚Raucher würden anderswo heimlich rauchen/Lehrer, die schon lange rauchen, können nicht aufhören/Strafen greifen nicht' lässt sich der Oberpunkt formulieren:

Gewohnheitsmäßige Raucher lassen sich das Rauchen nicht verbieten:
– sie rauchen heimlich (Lehrer und Schüler)
– sie nehmen den Konflikt in Kauf

Beispiel Stoffsammlung

Lies bitte die Seiten nach der Stoffsammlung noch einmal durch; du siehst hier nämlich, wie aus der ungeordneten Stoffsammlung allmählich die Gliederung entsteht, indem Punkte, die zueinander gehören, zusammengezogen werden; indem man – wo es möglich ist – Oberpunkte für einzelne Unterpunkte findet.

Zusammengehörige Aspekte müssen beieinander stehen: Ein Oberpunkt umklammert sie.
Ein Oberpunkt ist ein Satz, der die Unterpunkte unter einen Hut bringt. In der Gliederung wird er immer als Hauptsatz ausformuliert.

!

Hinweise zur Anordnung und Formulierung von Ober- und Unterpunkten findest du im nächsten Kapitel.
Doch zuvor sollst du selbst versuchen, aus einer Stoffsammlung (zu einem anderen Thema) zusammengehörige Unterpunkte mit einer Überschrift zu versehen (= einen Oberpunkt zu finden).

Lege dir dafür Farbstifte zurecht; benütze für jede Punktgruppe eine Farbe!

Ordne die Einzelpunkte der folgenden Stoffsammlung zu Gruppen und finde Oberpunkte!

Übung B 6

Thema: „*Autobahnen – ein Segen und ein Fluch für unser Land!*"

Themenbeispiel

Beispiel Stoffsammlung

Segen

– schnellere Verbindung zwischen Städten

– angenehmes Fahren

– Entlastung der Städte vom Durchgangsverkehr

– weniger Unfälle (durch mehr Spuren)

– gleichmäßiger Verkehrsfluß

– zügiges Fahren

– Autobahnen verlocken zum Kauf eines neuen Autos (Wirtschaft!)

– Straßenbau schafft Arbeitsplätze

– Überholmöglichkeit

Fluch

– A. zerstören Grünflächen und Naturschutzgebiete

– locken weitere Autofahrer an

– großer Ausstoß von Abgasen

– Umweltschädigung

– verleiten zum Rasen

– verschlingen viele Steuergelder

– Tiere sterben

– man sieht wenig von der Landschaft

– weniger Leute fahren mit der umweltfreundlicheren Bahn

– Lärm und Staus sind unangenehm

Sehen deine Oberpunkte etwa so aus wie die der Lösung (vgl. Lösungsteil S. 154 zu Übung B 6)? Dann hast du das Prinzip des Gliederns verstanden und bist einen großen Schritt vorangekommen.

Wenn nicht, orientiere dich noch einmal an den Seiten 73–75 und starte einen zweiten Versuch, bevor du dich mit dem nächsten Kapitel befasst.

5. Die Gliederung erstellen

5.1 Oberpunkte sinnvoll anordnen

Ich kann deinen Seufzer geradezu hören: „Gliederung, muss das sein? Kann ich nicht einfach spontan losschreiben? Ich habe doch Ideen zu meinem Thema! Warum muss ich sie in die Zwangsjacke Gliederung einpacken?" Dazu kann ich dir nur tröstend sagen:

1. Die Gliederung ist – wenn du dir einige Regeln merkst, die du auf den nächsten Seiten kennenlernen wirst – nicht so schwierig und langweilig, wie du annimmst!
2. Wenn du sie gut aufgebaut hast, erleichtert die Gliederung dir das Schreiben, denn du findest leicht Überleitungen von einem Punkt zum andern, und es entsteht ein zusammenhängender, logischer Text.
3. Sie sichert dir eine gute Note auch dadurch, dass sie meist extra bewertet wird!

Im vorhergehenden Kapitel haben wir ja schon Vorarbeit für die Gliederung geleistet: Wir haben die Stoffsammlung erstellt und bearbeitet sowie Oberpunkte gefunden. Jetzt geht es darum, diese Oberpunkte, die den sogenannten **Hauptteil** ausmachen, sinnvoll anzuordnen.
Zwei Prinzipien, nach denen gegliedert werden kann, finden bei der Belegerörterung und der dialektischen Erörterung Verwendung:

Das Prinzip der Steigerung

Es besagt, dass du beim Unwichtigen beginnst und zum Wichtigen hin steigerst. So kannst du langsam eine **Spannung** aufbauen und die wichtigeren Punkte betonen; der Leser/die Leserin deiner Arbeit schenkt ihnen dann mehr Aufmerksamkeit. Bei der **Belegerörterung** (die auch steigernde Erörterung genannt wird – du erinnerst dich!) liegt das Prinzip dem **ganzen Hauptteil** zu Grunde. Bei der **dialektischen Erörterung** hast zu zwei Möglichkeiten, das steigernde Prinzip anzuwenden:

– bei der Anordnung des Pro- und Kontra-Teils
– bei der Anordnung der Oberpunkte innerhalb eines Teils.

Beispiele sollen dir das verdeutlichen, was theoretisch so kompliziert klingt.

Du bearbeitest das Rauchverbotthema und entscheidest dich gegen ein Verbot; dann solltest du den Pro-Teil zuerst nennen.

Wenn du einen Oberpunkt hast:

Negative äußere Umstände, die das Rauchen an den Schulen mit sich bringt

und die Unterpunkte:

mangelnde Pünktlichkeit/Brandgefahr/verschmutzte Raucherecken,

dann ist es sinnvoll, so zu gliedern:

Gliederungsbeispiel
1. mangelnde Pünktlichkeit (das war sowieso ein etwas fragwürdiger Punkt)
2. verschmutzte Raucherecken (wichtiger als 1.)
3. die Brandgefahr

Du hast bei dem Autobahnthema folgende Oberpunkte:

Gliederungsbeispiel
– Autobahnen richten Schäden in der Natur an
– Fahren auf Autobahnen bringt für den einzelnen Fahrer unangenehme Begleiterscheinungen mit sich
– Der Autobahnbau verschlingt Steuergelder

Hier entscheidet deine Überlegung: Was ist dir am wichtigsten? (Ich persönlich würde zuerst die Begleiterscheinungen für den einzelnen Fahrer, dann die Steuergelder und als letztes die Naturschädigung anführen – das ist aber nur ein Vorschlag!)

Ein **gutes Beispiel** für eine **steigernde Gliederung** bei einer Belegerörterung findest du auf S. 158 f. im Lösungsteil unter Übung B 17 („Was kann ich persönlich tun, um mich umweltfreundlich zu verhalten?")

Das Prinzip des Kontrastes

Vor allem der Aufbau der dialektischen Erörterung lebt von diesem Prinzip der Gegenüberstellung. Ein Problem/ein Sachverhalt wird dabei von zwei Seiten beleuchtet. Ist dies geschehen, kommt es zu einer Zusammenschau von **Pro** und **Kontra,** der sogenannten **Synthese.** Sie sollte eine Entscheidung für eine Seite oder eine abwägende Beurteilung enthalten, je nachdem, wie das Thema gestellt ist.

Zu dem Thema „Sind Notlügen verzeihlich?" könnte der Aufbau des Hauptteils so aussehen:

Gliederungsbeispiel
*I. Was spricht **dafür**, dass Notlügen verzeihlich sind?*
  1. Sie entstehen oft aus Unüberlegtheit.
  2. Sie entspringen manchmal dem Mitleid mit dem, der angelogen wird.
  3. Sie ersparen dem Angelogenen oft Ärger und Schmerz.

II. Was spricht **dagegen,** dass Notlügen verzeihlich sind?
   1. Notlügen sind oft ein bequemer Ausweg aus schwierigen Situationen.
   2. Notlügen können Vertrauen zerstören, wenn sie ‚auffliegen'.
   3. Auch die Notlüge ist eine Lüge und moralisch anfechtbar.
III. **Notlügen sind manchmal verzeihlich,** sollten aber weitgehend vermieden werden.

Hier ist die Synthese ein kompromissbereites Urteil.

Das Thema „Sollten wir unser Verkehrsnetz noch weiter ausbauen?" beispielsweise fordert dagegen eine Entscheidung.

5.2 Die Gesamtgliederung

Wie du sicher schon im Deutschunterricht gehört hast, bestehen die Erörterung und die Gliederung dazu nicht nur aus dem Hauptteil (schon der Begriff wäre sinnlos, wenn es nicht noch andere Teile gäbe!). Der **Hauptteil** ist vielmehr eingerahmt durch **Einleitung** und **Schluss.**
Wozu braucht man eine Einleitung, und was könnte sie enthalten?

Die Einleitung ist so etwas wie eine **Hinführung zum Thema.** Sie verhindert, dass du ‚mit der Tür ins Haus fällst' und gleich unvermittelt mit dem ersten Punkt des Hauptteils beginnst.
Sie sollte einen eigenen Gedanken enthalten und in der Gliederung mit einem kompletten Satz zusammengefasst sein (zu ihrem Inhalt erfährst du später mehr!).

Und welche Aufgabe erfüllt der **Schluss**?

Nach dem letzten Punkt des Hauptteils bedarf deine Gliederung/dein Aufsatz einer gewissen **Abrundung,** vielleicht eines Ausblicks.
Dieses Schlusswort sollte in der Gliederung ebenfalls nur aus einem Satz bestehen.
Tipps dafür, was ein Schluss enthalten könnte, findest du auf Seite 82.

> Jede Erörterung (Gliederung und Ausführung) besteht aus den drei Teilen: **Einleitung, Hauptteil und Schluß**

Regel

Gleichberechtigt nebeneinander gibt es nun für die **Gesamtgliederung** zwei formale Modelle.

Diese beiden Modelle unterscheiden sich wirklich nur formal, nicht inhaltlich. Du musst dich nur für **eines** von beiden entscheiden, auf gar **keinen Fall** darfst du die beiden Typen **vermischen!**
(Erkundige dich bei deinem Lehrer/deiner Lehrerin, welchen Gliederungstyp er/sie vorzieht.)

Gliederungsbeispiel | **Der 1-2-3-Typ**

1. Einleitung (ein Satz)
2. Themafrage

   1. _____ (Oberpunkt)

      1. _____

         1. _____

         2. _____ (Unterpunkte)

         3. _____

      2. _____

      3. _____

   2. _____ (Oberpunkt)

      1. _____

      2. _____ (Unterpunkte)

      3. _____

   3. _____ (Synthese)

3. Schluss (in einem Satz)

Der A-B-C-Typ

A: Einleitung (formuliert in einem Satz)
B: Themafrage (alle Punkte müssen auf diese Frage antworten!)

   I. _____ (Oberpunkt)

      1. _____

         a) _____

         b) _____

         c) _____ (Unterpunkte)

      2. _____

      3. _____

   II. _____ (Oberpunkt)

   III. _____ (evtl. Synthese)

C: Schluss (in einem Satz)

Hinweise zu den Gliederungstypen:

1. Die Gliederung in A-B-C ist die ältere Form und meiner Ansicht nach die übersichtlichere. Die 1-2-3-Gliederung kann verwirrend sein, weil sie für Ober- und Unterpunkte dieselben Zahlentypen verwendet. Aber das ist wirklich Ansichtssache! Du kannst frei wählen!

2. Achte darauf, dass deine einleitenden und abschließenden Gedanken jeweils in **einem** Satz zusammengefasst sind (die Ausführung der Gedanken erfolgt erst später).

3. Über die Themafrage haben wir bereits gesprochen; sie muss so formuliert sein, dass alle Punkte ihr antworten. Überprüfe stets, ob das der Fall ist.

4. **Nicht alle Punkte müssen untergliedert sein;** manchmal genügt es, einen wichtigen Punkt in einem Satz darzustellen (z. B.: ‚Für den Bau von Autobahnen müssen hohe Steuersummen aufgebracht werden').

5. Immer gilt: **Wo es ein 1. gibt, muss auch ein 2. erscheinen;** oder anders formuliert: Wenn du einen Oberpunkt untergliederst, müssen mindestens 2 Unterpunkte auftauchen.

6. Verwende für die Oberpunkte ganze Sätze, die du kurz hältst (Übersichtlichkeit!). Die Unterpunkte kann man manchmal in Stichworten angeben, etwa so:

    I. Verantwortung kann man lernen:
       1. im Kindergarten
       2. in der Grund- und Hauptschule
       3. im Gymnasium

    Gliederungsbeispiel

    (Erkundige dich bei deinem Lehrer, ob er bei allen Punkten auf ganzen Sätzen besteht!)

7. Schreibe die Gliederung stets auf ein eigenes Blatt. Sie ist als Leitfaden durch deine Arbeit gedacht, man vergleicht sie mit deiner Arbeit. Du kannst sie selbst als ‚Fahrplan' benützen, wenn du dich ans Schreiben machst.

5.3 Ideen für die Gestaltung von Einleitung und Schluss

Viele Schüler haben Schwierigkeiten mit Einleitung und Schluss; meist haben sie für den Hauptteil genügend Stoff angesammelt – aber für die beiden umschließenden Teile fällt ihnen nichts mehr ein.
Damit es dir besser geht, findest du im Folgenden eine Reihe von allgemeinen Möglichkeiten, wie du den Stoff für diese beiden wichtigen Teile finden kannst.

Einleitung:

- Du versuchst es mit einem persönlichen Einstieg (eigene Anschauung/eigenes Erleben).
- Du beginnst mit einem aktuellen Anlass.
- Ein kurzer (!) historischer Überblick leitet deine Arbeit ein.
- Du definierst einen zentralen Begriff aus dem Thema.
  Dabei musst du aber vorsichtig sein, denn manchmal ist das Thema so gestellt, dass die Begriffsdefinition Teil des Hauptteils ist:
  „Definiere den Begriff Heimat und erörtere, inwieweit er heute noch von Bedeutung ist."
- Du verwendest ein Zitat, das mit dem Thema zu tun hat/zu ihm hinführt.
- Du grenzt in der Einleitung Bereiche aus, die nicht abgehandelt werden sollen.

Schluss:

- Du versuchst es mit einem Ausblick.
- Du weist auf einen Gegensatz oder Widerspruch hin.
- Du äußerst eine Hoffnung oder Befürchtung
- Du fällst ein persönliches Urteil (falls es nicht bereits in der Synthese verlangt war!).

5.4 Übungsteil

An zwei Übungen sollst du nun überprüfen, ob du passende Einleitungs- und Schlussgedanken findest; anschließend wirst du eine ganze Gliederung erstellen.
Du darfst ruhig die vorhergehenden Seiten zu Rate ziehen!

Übung B7
Finde für das Thema
„Sollte man es kleinen Kindern verbieten, allein fernzusehen?"
einen Einleitungs- und Schlusssatz für die Gliederung!

Übung B8
Finde einen Einleitungs- und einen Schlusssatz zu dem Thema:
„Sollte das Rauchen an öffentlichen Schulen ganz verboten werden?"

Übung B 9

Überlege dir nun zu dem Thema von Übung B 8 eine Gesamtgliederung, in der du alle angesprochenen Aspekte berücksichtigst: Form der Gliederung / Dreigliedrigkeit des Hauptteils / Ober- und Unterpunkte (Einleitung und Schluss hast du ja bereits!).

Ist dir dein erster Gliederungsversuch noch nicht ganz gelungen? Lag es daran, dass du Ober- und Unterpunkte vermischt hast? Dann lies bitte noch einmal die Seiten 77 – 79. Nicht falsch ist es, wenn das I. der Lösung bei dir II. ist und umgekehrt; dann bist du also gegen ein Verbot des Rauchens. Erlaubt ist auch, jeweils die Gliederungspunkte auf der a-, b-, c-Ebene anders anzuordnen, wenn du ihre Wichtigkeit anders beurteilst.

Sollte deine Gliederung aber sehr weit von der Lösung abweichen, dann überprüfe, woran das liegt. Hast du alle Regeln und Hinweise beachtet? Vielleicht hast du die Zeit, die beiden Kapitel „Stoff sammeln und ordnen" und „Die Gliederung erstellen" ein zweites Mal durchzuarbeiten.

Oder du versuchst dein Glück bei einem zweiten Gliederungsversuch:

Übung B 10

Erstelle eine komplette Gliederung zu dem Thema:
„Sollen Schüler deines Alters während der Schulferien jobben?"

Weil das Thema ganz neu ist – bei dem Raucherthema hatten wir ja schon viel Vorarbeit geleistet – sollen dir einige Vorüberlegungen helfen, in die richtige Richtung zu gehen.

Auf das Thema kann man mit einem Ja, aber auch mit einem Nein antworten. Für beides gibt es gute Gründe. Es handelt sich also um ein **dialektisches Thema.**

Beachte die Einschränkung: ‚Schüler deines Alters' und ‚jobben' – gemeint ist nicht Schwerstarbeit (es gibt schließlich gesetzliche Bestimmungen!), ebensowenig wie eine Dauerstellung. Hilfreich ist hier in jedem Fall nachzulesen, wie die **gesetzlichen Bestimmungen** lauten.

In dem folgenden Auszug aus dem Buch von Heidi-Ricarda Hoegen, „Ich kann, ich darf, ich muß. Jugend und Recht" sind sie kurz und verständlich zusammengefasst. Dieses Sachbuch ist ausdrücklich für junge Leute geschrieben (es enthält auch zu anderen Themen brauchbare Hinweise!); der folgende Auszug kann dir helfen, wichtige Begriffe zu klären, die Rechtslage abzugrenzen, und er bietet dir eventuell Ideen für einen Einleitungs- oder Schlussgedanken.

Originaltext

Arbeiten, ja bitte – Das Jugendarbeitsschutzgesetz

Kurzer historischer Rückblick

Wir stecken heute in einer durch den technischen Fortschritt mindestens mitbedingten Krise: unsere jungen Leute finden nicht genug Ausbildungs- und Arbeitsplätze. Die Jugendarbeitslosigkeit ist eines der größten gesellschaftlichen Probleme.

Entgegengesetzt sah das zu Beginn des 19. Jahrhunderts aus. Mit der einbrechenden Industrialisierung und der damit einhergehenden Lohnsteigerung griff man auf die billigeren Arbeitskräfte, nämlich auf Frauen und Kinder zurück, Kinderarbeit also. Erst 1839 schränkte der Preußische Staat im Regulativ über die Beschäftigung Jugendlicher die Arbeit für Kinder unter 9 Jahren ein: Sie durften nicht mehr in Fabriken arbeiten. Jugendliche von 9 – 10 Jahren durften nicht mehr als zehn Stunden täglich, nicht mehr sonntags, feiertags und nachts arbeiten. Diese schützende Einschränkung galt nicht für Handwerks- und Handelsbetriebe, sondern nur für Fabriken. Erst 14 Jahre später, 1853, setzte man das Mindestalter für arbeitende Kinder in Fabriken auf 12 Jahre fest und schränkte für sie die tägliche Arbeitszeit auf sechs Stunden ein.

Die heutige Fassung des Jugendarbeitsschutzgesetzes von 1976 erhielt im August 1983 eine „Verordnung zur Verbesserung der Ausbildung Jugendlicher", durch die das vorher bestehende Verbot der Beschäftigung Jugendlicher vor 7 Uhr morgens und nach 20 Uhr abends aufgehoben wurde, da manche Betriebe (etwa Bäckereien) wegen der eingeschränkten Arbeitszeit ausbildungsmüde geworden waren. Der Arbeitsschutz war vielleicht etwas überstrapaziert worden; jedenfalls mußte man ihn in einer Zeit, in der jede Ausbildungsstelle für die jungen Leute wichtig ist, lockern. In der Hoffnung, daß die Engpässe mit den geburtenschwächeren Jahrgängen nachlassen, hat man die Verordnung von 1983 auf vier Jahre begrenzt.

Die Rechtslage heute

Die Bestimmungen des Jugendarbeitsschutzgesetzes sind sehr streng. Die arbeitende Jugend soll vor allem vor Ausbeutung geschützt werden. Die Beschäftigung Jugendlicher unter 15 Jahren ist verboten. Wer unter 15 Jahren ist, die Vollzeitschulpflicht aber schon erfüllt hat, darf in einem Ausbildungsverhältnis arbeiten, außerhalb eines solchen nur mit leichten, geeigneten Tätigkeiten bis zu sieben Stunden täglich und 35 Stunden wöchentlich beschäftigt werden. Diese Arbeit soll dem Entwicklungsstand des Jugendlichen Rechnung tragen.

Es gibt nur wenige Ausnahmen, zum Beispiel die Arbeit von Kindern über 13 Jahren in der Landwirtschaft bis zu drei Stunden täglich, beim Austragen von Zeitungen und Zeitschriften bis zu zwei Stunden täglich und bei „Handreichungen beim Sport" (so wörtlich das Gesetz) bis zu zwei Stunden täglich. Gemeint sind hier Balljungen beim Tennis, Golf und Fußball, nicht Getränkeverkauf oder ähnliches.

Die Kinder dürfen nicht zwischen 18 Uhr abends und morgens 8 Uhr, nicht vor dem Schulunterricht und schon gar nicht während des Schulunterrichts arbeiten. Die Arbeit muß leicht sein, darf die schulischen Leistungen nicht beeinträchtigen und darf nicht mit Unfallgefahren verbunden sein.

Es ist nicht verboten, der Mutter den Mülleimer runterzutragen, die Geschirrspülmaschine auszuräumen, einzukaufen und im elterlichen Geschäft zu helfen – wie wir das bei der gesetzlich geregelten **Dienstleistungspflicht der Kinder** schon besprochen haben (s. S. 28 f.). Leider entfällt also in solchen Fällen eine „gesetzliche Ausrede"!

Das Jugendarbeitsschutzgesetz gilt nicht für geringfügige Hilfeleistungen, die gelegentlich aus **Gefälligkeit** oder auf Grund familienrechtlicher Vorschriften geschehen und auch nicht in Einrichtungen der Jugendhilfe und zur Eingliederung Behinderter.

Ausnahmen für Veranstaltungen

Auf Antrag kann die Aufsichtsbehörde Ausnahmen bewilligen:
1. Bei Theatervorstellungen dürfen Kinder über sechs Jahren bis zu vier Stunden täglich in der Zeit von 10 bis 23 Uhr mitwirken.
2. Bei Musikaufführungen (Kinderchöre, Kindermusikgruppen u. ä.), auch beim Fernsehen oder im Rundfunk, können Kinder von drei bis sechs Jahren bis zu zwei Stunden täglich in der Zeit von 8 bis 17 Uhr, Kinder über sechs Jahren bis zu drei Stunden in der Zeit von 8 bis 22 Uhr mitwirken.

(H.-R. Hoegen, Arbeiten, ja bitte – Das Jugendarbeitsschutzgesetz)

So – jetzt müsstest du eigentlich gut gerüstet sein für die Arbeit an unserem Thema!

- Erstelle zunächst die **Stoffsammlung;** verwende **zwei Spalten:** Pro und Kontra.
- Bearbeite die **Stoffsammlung farbig** wie besprochen (Zusammengehöriges in gleicher Farbe / Überflüssiges streichen / Oberpunkte finden / Einleitungs- und Schlussgedanken finden / Prinzip des Kontrastes und der Steigerung beachten!).
- Schreibe dann die **Gliederung.**

Eine letzte Übung soll dir das Gefühl vermitteln, dass du fit bist im Gliedern. Es ist ein Thema, für das du keine Zusatzinformation brauchst. Und du weißt inzwischen sicher auch, wie du vorgehen musst, oder? Stoffsammlung, Bearbeitung ...
Alles klar?

Übung B 11

Erstelle eine Gliederung zu folgendem Thema:
„Was spricht dafür, was dagegen, dass 16- bis 18-Jährige mit Freunden Urlaub machen?"

Zum **Abschluss** des Kapitels „Gliederung" ein **Ausblick** auf die 11. Klasse. Du musst hier nichts selbst erarbeiten, sondern ‚nur' aufmerksam lesen. Es geht um ein schwieriges Thema, das dir noch eine Weile erspart bleibt. Die folgende Gliederung entstand aus einer längeren Diskussion in meiner 11. Klasse. Es ging am Jahresende um die Unzufriedenheit vieler Schülerinnen und Schüler mit dem, was in der 11. Klasse stofflich und menschlich ‚gelaufen' war. Nach zwei Stunden intensiver Diskussion entwarfen Schüler und Lehrerin eine umfangreiche Stoffsammlung, die in den folgenden Stunden in die Gliederung gegossen wurde. Ehrlich gesagt hatten die Schüler zu dem Punkt ‚Nachteile' viel mehr Einfälle als zu dem Punkt ‚Vorteile'!

Was du an der Gliederung gut beobachten kannst, ist das Steigerungsprinzip (von B.I. 1 bis B.I. 5) sowie den Versuch, trotz Frust und Erschöpfung am Schuljahresende zu einer ausgewogenen Kritik zu kommen. Beim Erstellen der Gliederung haben wir über einzelne Punkte – ihre Wertigkeit und ihre Stellung – lange diskutiert; dadurch wurden viele Probleme und Kritikpunkte erst richtig deutlich.

Gliederungsbeispiel | *Erörtern Sie die Vorzüge und Nachteile des deutschen Schulsystems*

Gliederung

A: Möglichkeiten:
    Histor. Überblick über die Entwicklung der Schule in Deutschland;
    oder: persönliche Situation in der 11. Klasse;
    oder: Hinweise auf andere Schulsysteme
B: Welche Vorzüge und welche Mängel hat das deutsche Schulsystem?
    I. Die Vorzüge unseres Schulsystems:
        1. Viel Ferien in vernünftiger Verteilung und freie Samstage machen die Schulzeit angenehmer
        2. Das Angebot an Schultypen ist vielfältig (siehe auch Zweiter Bildungsweg)
        3. Unsere Schulen werden aus Steuergeldern finanziert, daher gibt es
            a) Schulgeldfreiheit
            b) Lernmittelfreiheit
            c) Zuschüsse zu den Schulwegkosten
        4. Die allgemeine Schulpflicht erfasst alle Kinder und Jugendlichen
        5. Das Grundgesetz und die Länderverfassungen garantieren eine relativ tolerante, ideologiefreie Unterweisung

II. Nachteile unseres Schulsystems:
1. Mängel in den Rahmenbedingungen:
   a) die zu starre Dreigliedrigkeit des Systems
   b) die eingeschränkten Kompetenzen der KMK (Konferenz der Kultusminister)
   c) der Beamtenstatus der meisten Lehrer
   d) zu große Klassen in fast allen Schultypen
   e) zu wenig Reformansätze
2. Mängel, die die Lehrpläne aufzuweisen haben:
   a) Überfüllte Lehrpläne erzeugen Stress (siehe 9. – 11. Klasse)
   b) Die Lehrpläne sind zu wenig praxisbezogen und oft nicht altersgemäß
   c) Die Wahl der Fremdsprachen müsste flexibler sein
3. Beeinträchtigung des sozialen Klimas an den Schulen:
   a) Schlecht ausgebildete, z. T. überalterte Lehrer sind den Anforderungen oft nicht gewachsen
   b) hierarchische Strukturen erschweren den Umgang miteinander
   c) Die Schule in ihrer heutigen Struktur vermittelt zu wenig Freude am Lernen und an der Kreativität

C: Auf nach Summerhill?

6. Die richtige Zeiteinteilung und andere praktische Tipps

Die Einteilung der Zeit ist bei der Erörterung von ganz besonderer Bedeutung:

– Du hast nämlich relativ viel Zeit zur Verfügung (3 – 4 Schulstunden, manchmal sogar mit 20 Minuten Pause). Eine längere Zeitspanne ist schwieriger einzuteilen, sie verlockt oft zum langsameren Arbeiten oder sie führt zu ungleichmäßiger Konzentration.

– Du musst auch bedenken, dass sich nicht jeder Gliederungspunkt gleich schnell ausarbeiten lässt; manchmal wirst du möglicherweise länger nach einem passenden Beispiel oder einer Überleitung suchen müssen.

Wenn du die folgenden Vorschläge zur Arbeitseinteilung liest, sollte dir bewusst sein, dass es wirklich nur **Vorschläge** sind. Gerate nicht in Panik, wenn du die Zeiten **geringfügig** überschreitest. Größere Zeitüberschreitungen bergen jedoch die Gefahr, dass du ein Aufsatzfragment abgeben musst!

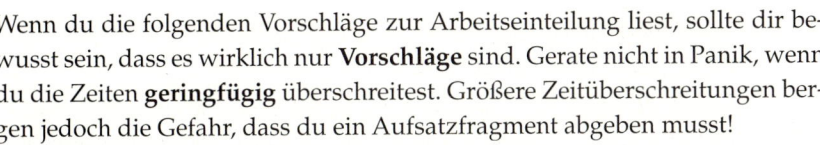

Da die Arbeitszeiten nicht einheitlich geregelt sind, sind die Angaben in Prozentzahlen gemacht:

Das musst du tun:	Arbeitszeit:
1. Wahl des Themas, Bestimmung des Typs, Begrenzung, Definition der Schlüsselbegriffe	10% (deiner Zeit)
2. Stoffsammlung, Ordnen des Stoffes, Finden von Ober- und Unterpunkten, Gliederung erstellen	35%
3. Ausführung der Gliederung (Schreiben des Aufsatzes)	45%
4. Durchlesen der Arbeit + Pause etwa in der Mitte der Arbeitszeit	10%

TIPP

1. Ich rate dir davon ab, große Teile der Ausführung vorzuformulieren, d. h. ‚aufzusetzen'; dafür reicht die Zeit nicht.
Beschränke dich darauf, schwierige Einzelpunkte (einige wenige!) vorzuformulieren, die du spontan nicht formulieren kannst.

2. Von der Gliederung solltest du zuerst einen Rohentwurf anfertigen; es könnte nämlich sein, dass du beim Schreiben den einen oder anderen Punkt umstellen musst, damit die Überleitungen besser klappen. Also:
Schreibe die endgültige Fassung der Gliederung erst am Schluss deiner Arbeitszeit.

3. Lege in der Mitte deiner Arbeitszeit eine kleine Pause ein, in der du versuchst, dich vollkommen zu entspannen (denke nicht an den Aufsatz!). Diese Pausenzeit ist keine verlorene Zeit, sie bringt dir neue Ideen und eine bessere Konzentration!

4. Behalte immer etwas Zeit übrig, um deine Arbeit durchzulesen; jeder Mensch – auch ein(e) Lehrer(in) – macht beim Schreiben Flüchtigkeitsfehler. Wenn du sie beim Durchlesen selbst findest, kannst du deine Note verbessern.

5. Solltest du einmal ganz schnell und flüssig geschrieben haben und dir bleibt viel Zeit übrig (20 – 30 Minuten), dann gib die Arbeit nicht gleich ab. Lies sie nach einer kleinen Verschnaufpause noch einmal durch (siehe 4.); verbessere Stellen, die dir auffallen (Ausdruck / Beispiele / Argumente). Eingefügte Sätze solltest du – mit einem Zeichen (*) oder einer Ziffer versehen – am Ende deiner Arbeit anfügen.

7. Die Erörterung ausformulieren

7.1 Richtig argumentieren

Nehmen wir einmal an, deine Gliederung ‚steht' wie besprochen – nun soll sie zu einem zusammenhängenden, logischen, inhaltlich und sprachlich klaren Aufsatz umgeformt bzw. ausgeformt werden.

Laß uns zu diesem Zweck noch einmal ganz zum Anfang zurückkehren: Wenn du erörterst, befaßt du dich mit einem Problem ausführlich und genau – du willst es durchdringen und mit Hilfe von einleuchtenden Argumenten zu einer abschließenden Meinung kommen.

Was dabei wichtig ist, soll dir ein Gespräch verdeutlichen, das Schülerinnen und Schüler einer 8. Klasse geführt haben: Thema war ein Wettbewerb zur Verschönerung des Klassenzimmers, den der Elternbeirat ausgeschrieben hatte.

Diskussion

Klassensprecherin:	„Ihr wisst, dass der Elternbeirat vor ein paar Tagen zu einem Wettbewerb aufgerufen hat, bei dem die Klassenzimmer verschönert werden sollen – mit Bildern, Dekorationen und Ähnlichem. Die drei schönsten Zimmer werden mit je 100,– DM prämiert. Wollen wir uns beteiligen?"
Peter:	„Nö, macht viel zu viel Arbeit!"
Gesa:	„Macht aber doch auch Spaß, und hinterher ist das Klassenzimmer einfach gemütlicher."
Florian:	„Klassenzimmer sind und bleiben hässlich, ob mit oder ohne ‚Verschönerung'."
Ulli:	„Und wir dürfen eh nicht viel verändern, das ist doch klar."
Gesa:	„Klassenzimmer kann man verschönern, wenn man sich ein bisschen Mühe gibt; z. B. könnten wir gemeinsam ein großes Poster für die ganze hintere Wand malen, Thema: Südsee, und an die vordere Wand links und rechts ein paar Palmen – das wäre doch was zum Träumen während der Mathestunde. Und einige von uns würden ein paar Pflanzen von zu Hause mitbringen."
Florian:	„Ja, und dazwischen spazieren ein paar Kamele herum, und das sind wir!" (Gelächter)
Klassensprecherin:	„Also, was ich bis jetzt gegen die Verschönerung gehört habe, kann mich nicht recht überzeugen ..."
	(Das Gespräch ging noch weiter.)

Warum wohl ist die Klassensprecherin von den Gegnern einer Verschönerung nicht überzeugt worden?

Schauen wir uns dazu an, was die Vertreter dieser Meinung ins Feld führen:

Diskussion

Peter: *(Klassenzimmerverschönerung) macht zu viel Arbeit.*
Florian: *Klassenzimmer sind und bleiben hässlich.*
Ulli: *Wir dürfen nur wenig verändern.*

Alle drei haben nur eine **Behauptung** aufgestellt, eine so genannte **These**. Keiner der drei hat sich die Mühe gemacht zu begründen, was er meint, oder ein Beispiel zu bringen. Wie du siehst, vermögen die Thesen allein nicht zu überzeugen.

Hätte Peter seine These begründet und vielleicht ein Beispiel angefügt, wäre die Klassensprecherin sicher stärker beeindruckt gewesen.
So hätte **Peters Stellungnahme** aussehen können:

Beispiel

Nein, ich bin gegen diese Aktion, sie nimmt viel zu viel Zeit weg (These); *wir stehen sowieso dauernd unter Stress wegen der vielen Haus- und Schulaufgaben* (Begründung). *Allein nächste Woche haben wir zwei Schulaufgaben in Hauptfächern – Englisch und Mathe – denkt da mal dran* (Beispiel für Begründung)!

Und **Ulli** hätte sagen können:

Beispiel

Wir dürfen in den Klassenzimmern zu wenig verändern (These), *weil das Stadtbauamt und die Schulleitung so viele Vorschriften erlassen haben* (Begründung); *nicht einmal die Türe durften wir bekleben, da entsteht angeblich Feuergefahr – erinnert euch doch an letztes Jahr* (Beispiel für Begründung)!

Merkst du, was hier geschehen ist? Wir haben jeweils die **These** begründet, und zwar mit einem **Argument,** und sie dann mit einem **Beispiel** belegt.

Diesen **Dreierschritt** musst du beim Erörtern auch immer machen:

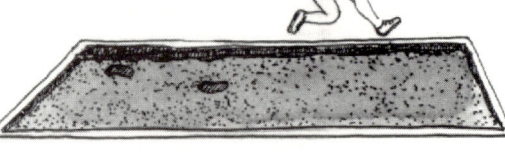

These / Behauptung	Argument / Begründung	Beispiel / Beleg

> **!** Die Ausführung eines Gliederungspunktes erfolgt im Dreierschritt **These, Argument, Beispiel.**
> Halte aber das Beispiel kurz und möglichst konkret. Ab und zu darfst du bei einem Punkt das Beispiel weglassen, nicht jedoch bei deinen wichtigeren Punkten!

Welche Aufgaben Argument und Beispiel in deiner Erörterung haben, will ich dir noch einmal zeigen:

Argumentation und Formulierung

Behauptung / These: *„Reisen mit Gleichaltrigen macht Spaß."* — *Beispiel Argument*

Argument / Begründung: *„Wenn man mit Gleichaltrigen verreist, hat man ähnliche Interessen, was Programm und Freizeitgestaltung angeht, man langweilt sich nicht bei aufgezwungenen Besichtigungen."*

Du siehst, aus der etwas allgemeinen Behauptung ist ein fassbarer, nachvollziehbarer Gedanke geworden, dem der Leser gut folgen kann.

Ein Argument ist eine Begründung für eine Behauptung. Diese Begründung trägt dazu bei, dass das Behauptete oder Geforderte dem Leser einleuchtet. Das **Argument** ist also ein Mittel, mit dem versucht wird, **den Leser oder Hörer zu überzeugen.**

Nun wollen wir unser Argument aus dem obengenannten Beispiel **belegen;** dies könnte so aussehen:

„Als ich im Frühjahr mit meinen Freunden in Wien war, nahmen wir uns jeden Tag ein Kulturdenkmal zur Besichtigung vor; wir saßen aber auch stundenlang mit anderen jungen Leuten im Park und unterhielten uns, und abends besuchten wir manchmal eine Disco." — *Beispiel Beleg*

Der **Beleg** hat das Argument verdeutlicht; er zeigt ganz konkret, was in These und Argument steckt.

Der Beleg ergänzt These und Argument; er bringt Abwechslung in deinen Aufsatz, bewahrt ihn davor, eine langweilige, theoretische Ansammlung von Behauptungen zu werden. Dieser Aspekt ist wichtig, weil du ja mit deinem Aufsatz den Leser ansprechen, ihn überzeugen willst.

Hört sich das alles einfach an? Es ist auch nicht allzu kompliziert; und doch gibt es einige Tücken, vor denen ich dich warnen möchte. Deshalb ist unser nächster Abschnitt so überschrieben:

Vorsicht – Stolpersteine!

1. Es könnte sein, dass dein **Argument zu pauschal** ist und deshalb nicht überzeugt.

These: *„Es macht Spaß, mit Gleichaltrigen zu verreisen."* — *Beispiel Argument*

Argument: *„Wenn man mit Eltern verreist, muss man sich immer mit Kulturprogrammen langweilen, das ist nichts für junge Leute."*

Argumentation und Formulierung

Dieses Argument erzeugt beim Leser Zweifel (gleichgültig, wie alt er ist), denn nicht alle Elternprogramme sind „öde" Kulturprogramme. Auch Eltern suchen die Entspannung und denken beim Programmentwerfen daran, was ihren Kindern gefällt.

2. Dein **Argument** könnte **falsch** oder **leicht widerlegbar** sein.

Beispiel Argument

Argument (zur selben These): *„Wenn Gleichaltrige sich ihr Ferienprogramm zusammenstellen, finden sie immer die spannendsten, unterhaltsamsten Möglichkeiten."*

Du hast in dem Bereich Ferienplanung sicher schon einige Erfahrung und weißt, dass jede Planung gelingen oder misslingen kann. Warum sollte gerade die Planung junger Menschen, die ja noch nicht viele Erfahrungen sammeln konnten, **immer** klappen?

3. Dein **Argument** könnte **unfair** geraten – es wertet einen „Gegner" oder ein Gegenargument einfach ab durch Übertreibung, Einseitigkeit und/oder Schärfe.

Beispiel Argument

Argument (zur selben These): *„Wenn man mit Eltern verreist, zeigt sich in fast allen Fällen, dass sie gar nicht wissen, wie Jugendliche ihren Urlaub verbringen wollen, und sie machen auch keine Anstrengungen, es zu erfahren."*

Dieses Argument ist unfair, weil es alle Eltern in einen Topf wirft und ihnen vorhält, dass sie von den Wünschen ihrer Sprösslinge keine Ahnung haben.

4. Dein **Argument** könnte **unlogisch** sein.

Beispiel Argument

Argument (zur selben These): *„Jugendliche haben dieselbe Wellenlänge, sie wissen, was ihnen Spaß macht, auch wenn selten alle Mitglieder einer Reisegruppe sich miteinander verstehen und miteinander harmonieren."*

Der Leser fragt sich: Wie steht es dann mit dem Spaß, wenn Unfriede herrscht? Woher kommt das Gefühl der Zusammengehörigkeit? Es ist doch nicht nur eine Frage des Alters! Das Argument ist in sich nicht schlüssig!

Pauschale, falsche, unfaire und unlogische Argumente musst du unbedingt vermeiden, sie reizen nicht nur den Lehrer zur Benützung seines Rotstifts, sondern sie schwächen die Überzeugungskraft deiner Arbeit!

Argumentation und Formulierung

> **TiPP**
> Es ist hilfreich, wenn du dir vorstellst, dass dir jemand gegenüber sitzt, der eine gegenteilige Meinung vertritt; seine Einwände könnten dir – in Gedanken – helfen, stichhaltig und überzeugend zu argumentieren.

Nun zum **Beleg**. Wie beim Argument gibt es auch hier **grundsätzliche Fehlerquellen**:

1. **Dir fällt kein Beispiel ein.** In diesem Fall solltest du genau prüfen, ob deine These und dein Argument überhaupt haltbar sind; denn ein Punkt, den du nicht belegen kannst, hat keine Existenzberechtigung. Du musst ihn also aus deiner Gliederung streichen.

2. Die **Darstellung** deines **Beispiels** ist **zu lang**; in diesem Fall verlierst du nicht nur viel von deiner Arbeitszeit, sondern dein Beispiel lenkt auch zu sehr vom Gedankengang ab, es steht in keinem Verhältnis zum Gewicht des Oberpunktes.

Wenn du zum Beispiel bei der These: *„Es macht Spaß, mit Gleichaltrigen zu verreisen"* das gesamte Programm eines Tages auflistest, sprengt das den Rahmen deiner Erörterung.

> **TiPP**
> Länger als zwei bis drei Sätze sollte dein Beispiel nicht sein. Suche nach Möglichkeiten zu kürzen, wenn du merkst, dass du ins „Erzählen" kommst.

3. Dein **Beispiel** ist **zu knapp skizziert** – dann wird sich der Leser nur schwer etwas darunter vorstellen können.
   An einem Beispiel verdeutlicht:
   Zur These von Punkt 2 schreibst du Folgendes: *„Wir waren neulich in Wien und haben uns dort ein interessantes Programm zusammengestellt."* Hier erfährt der Leser zwar die nackten Tatsachen, aber gar keine Einzelheiten.

> **TiPP**
> Stelle das Beispiel stets so dar, dass derjenige, der es liest, sich eine konkrete Vorstellung machen kann.

4. Dein **Beispiel passt nicht zur Argumentation** – du hast das falsche Beispiel gewählt. Wenn du zu der These *„Es macht Spaß, mit Gleichaltrigen zu verreisen"* berichtest, wie ihr euch einmal gestritten habt, dann widerlegst du deine eigene These und dein eigenes Argument.

> **TiPP** Prüfe stets genau, ob dein Beispiel ein einleuchtender Beleg für dein Argument ist.

! Vor allem die wichtigsten Thesen musst du mit Beispielen „illustrieren". Nimm die Beispiele am besten aus deinem Erlebnisbereich, dann wirken sie glaubwürdig; gestalte sie weder zu kurz noch zu lang. Überprüfe, ob sie zu Thesen und Argumenten passen.

Übung B 12

Schlage im Lösungsteil, S. 156 (Übung B 10), die Mustergliederung zum Thema *„Sollen Schüler deines Alters während der Schulferien jobben?"* auf.

Versuche nun **schriftlich**, für die Punkte I.1, I.2, I.3 und I.4 **Argumente** und **Belege** zu finden. Du darfst die vier ausgearbeiteten Punkte unverbunden stehen lassen; wie man Punkte verknüpft, lernst du im nächsten Schritt.

Du musst damit rechnen, dass die Arbeit an diesen vier Punkten etwa 30–40 Minuten dauert. Die **Musterlösung** findest du ausnahmsweise nicht im Lösungsteil, sondern gleich im Anschluss an diese Übung.

Und nun viel Erfolg beim ersten **Schreiben!**

Lösung zu Übung B 12:

Achtung! Es gibt natürlich für jede These mehrere Möglichkeiten zu argumentieren und noch mehr Möglichkeiten für Beispiele. Du hast vielleicht anders argumentiert als die Musterlösung und liegst trotzdem richtig. Überprüfe in solch einem Fall selbst, ob deine Argumente differenziert (nicht pauschal), treffend, fair und logisch sind.

Werfe auch einen Blick auf deine Beispiele und überlege, ob sie den Forderungen nach Kürze/Länge entsprechen und ob sie in den Zusammenhang passen.

Lösungsbeispiel

I.1:
„Eine Ferienarbeit zu finden ist nicht immer leicht, denn es werden nicht allzu viele geeignete Arbeiten angeboten. Der Arbeitsmarkt ist – vor allem seit dem Zusammenschluss der beiden deutschen Staaten – gespannt; es gibt viele Arbeitslose, die bei der Vermittlung vorrangig berücksichtigt werden müssen. Wer einen Blick in die Münchner Arbeitsämter wirft, kann die Schlangen von Arbeit Suchenden täglich beobachten."

Du könntest auch mit dem Unterschied von Stadt und Land argumentieren; auf dem Land und in den Kleinstädten sind Ferienjobs rar.

I.2:
„Ferienarbeit kann, vor allem, wenn sie über die ganzen Ferien hinweg ausgeübt wird, der Gesundheit des Schülers schaden. Nicht ohne Grund sind in das anstrengende Schuljahr größere und kleinere Pausen eingebaut, die der Erholung dienen sollen. Füllt man diese Pausen mit anstrengenden Jobs, ist man mit Sicherheit müde und gestresst, wenn nach den Ferien der Unterricht beginnt. Das habe ich am eigenen Leib erfahren, als ich in den letzten Osterferien morgens Zeitungen austrug. Am Ende der Ferien war ich ‚ferienreif'."

Du könntest aber auch umgekehrt anfangen:

„In den letzten Osterferien trug ich 14 Tage lang frühmorgens Zeitungen aus. Ich musste sehr früh aufstehen (4.30 Uhr!) und war gegen 9 Uhr fertig. Als die Schule wieder anfing, fühlte ich mich schlapp und unlustig. Dieses Beispiel zeigt, dass Ferienarbeit das Gesamtbefinden eines Schülers negativ beeinflussen kann, besonders, wenn die Arbeit ungewohnt ist und die ganzen Ferien andauert."

Hier siehst du, dass der Dreiklang umgekehrt werden kann:

Du beginnst mit einem Beispiel und leitest aus ihm Argument und These ab. Bei diesem zweiten Weg rückt das Beispiel etwas stärker in den Vordergrund.

Auf jeden Fall ist es um der **Abwechslung** willen gut, einmal die eine und dann die andere Vorgehensweise zu wählen.

I.3:
„Intensive Ferienarbeit kann dazu führen, dass in der Zeit nach den Ferien oder im folgenden Schuljahr die Leistungen sinken, denn der Schüler kommt ja leicht gestresst aus den Ferien zurück und kann sich dem Unterricht nicht mit voller Aufmerksamkeit widmen. Einser-Schüler spüren das sicher nicht so sehr wie mittelmäßige oder schlechte Schüler. Bei mir war es z. B. so, dass ich in den Wochen nach Ostern zwei Fünfer „einsteckte", und das in Fächern, in denen ich vorher nie schlecht gewesen war."

An diesem Beispiel siehst du, dass du ein Argument einschränken darfst (siehe oben: schlechter Schüler/guter Schüler); das ist besser, als zu pauschal zu argumentieren.

Du weißt sicher, dass manche Schüler die Ferienarbeit nicht negativ beeinflusst und dass andere sie sich gar nicht ‚leisten' können. Du nimmst also mit deiner Einschränkung einen möglichen Einwand vorweg.

I.4:
„Viele Eltern sind gegen Ferienarbeit ihrer Kinder, weil sie meinen, dass deren Wünsche unbescheiden werden könnten, wenn sie einmal mehr Geld zur Verfügung hatten. Diese Behauptung mag für einige Schüler zutreffen, die vor Freude über einen Gegenstand oder ein Kleidungsstück, mit dem sie angeben können, vergessen, was sich ihre Eltern leisten können und was nicht. Ein Bekannter von mir hat sich z.B. von seinem selbst verdienten Geld eine Chevignon-Jacke gekauft. Sobald er sie hatte, passten natürlich seine XX-Jeans und seine Turnschuhe Marke XY nicht mehr dazu. Er nörgelte so lange, bis seine Eltern ihn ‚passend‘ einkleideten".

Die vier kleinen Musterlösungen wollen dir einige wichtige Punkte verdeutlichen:

1. Zum Umfang deiner Ausführung: Eine komplette Gliederung hat, wie unsere Übungen dazu zeigen, mindestens acht Punkte (meist mehr); dazu kommen noch Einleitung und Schluss. Du musst also deine **Kräfte** gut **einteilen** und kannst pro Punkt meist nicht mehr als **4 – 5 Sätze** verwenden. Gehe dabei aber nicht schematisch vor und zähle die Sätze. Ein dir wichtiger Punkt darf länger, ein unwichtiger etwas kürzer abgehandelt werden.
2. Komme schnell ‚zur Sache‘ und bleibe bei ihr. Weitschweifige Hinführungen zu These und Argument sowie ausführlich und erlebnishaft erzählte Beispiele kosten dich Zeit und sind in der Erörterung unangebracht.
3. Beginne bei der Ausführung deiner Punkte entweder mit der **These oder dem Beispiel.** Beide Möglichkeiten sind gleich gut; wechsle also ab; entscheide dich für die eine oder die andere Variante, je nachdem, wie gut du die Punkte miteinander verknüpfen kannst.
Über die Verknüpfung erfährst du einiges mehr im nächsten Kapitel.

Übung B 13

Doch zuvor solltest du in einer kleinen Übung zeigen, dass du mit scharfem Auge merkst, was bei den folgenden drei Textbeispielen (immer noch zum Thema ‚Ferienjob‘) falsch gelaufen ist.

Du sollst nur den **Fehler feststellen,** keine schriftliche Verbesserung machen.

Beispiel 1 | „Es ist manchmal schwierig, eine Ferienarbeit zu finden. Ich musste letztes Jahr lange herumfragen und telefonieren, bis ich eine fand."

Beispiel 2 | „Wenn man sich die Stellenanzeigen in der „Süddeutschen Zeitung" anschaut, merkt man, dass viele Arbeit suchen und daß auch viele Stellen angeboten werden. Die Anzeigen füllen mehrere Seiten. Fast jeder Beruf ist vertreten, vom Abteilungsleiter in einer großen Firma bis zum „Drücker" für Zeitschriften. Auch die angedeuteten Verdienstmöglichkeiten scheinen verlockend. Doch dabei geht es meistens nicht um Aushilfsjobs und auch selten um Jobs, die gerade Jugendliche machen dürfen. Es ist also für Jugendliche schwierig, einen Job zu finden."

Beispiel 3 | „Als ich heuer im Oktober meine ersten Schulaufgaben zurückbekam, staunte ich nicht schlecht, denn es waren drei Fünfer dabei. Meine Lehrer sagten: „Was ist denn los mit dir?", und meine Eltern schimpften und meinten: „Daran ist bestimmt dein

Ferienjob schuld. Wir haben dir ja gesagt, dass sich diese Arbeit in der Schule negativ auswirken wird. Du wolltest aber nicht hören." Auch mir wurde klar, dass Ferienarbeit die schulischen Leistungen negativ beeinflussen kann."

7.2 Die Textteile miteinander verknüpfen

Die Verknüpfung der einzelnen Punkte

Wenn du die vier Teile der Musterlösung von S. 94–96 aneinander reihst, wirst du schnell feststellen, daß sie so unverbunden nicht stehen bleiben können. Sie bedürfen einer Verknüpfung, damit aus ihnen ein **zusammenhängender Text** entsteht, den man **flüssig** lesen kann.

Unser nächster Schritt wird es also sein, **Klammern** zwischen den einzelnen Punkten einzusetzen. Das gelingt umso leichter, je gründlicher du deine Gliederung geplant und aufgebaut hast (denke an die genannten Gliederungsprinzipien Kontrast und Steigerung!).

Du musst dich um **echte** Übergänge bemühen; das heißt, deine einzelnen Punkte müssen gedanklich und vom Satzbau her logisch verbunden sein. Übergänge kann man nicht einfach durch ein ‚so' oder ‚auch' erzwingen. Findest du einmal wirklich keinen passenden Übergang, beginnst du einen neuen Abschnitt, der von dem vorhergehenden unabhängig ist.

Viele Schüler halten es für schwierig, Übergänge zu finden und stöhnen über diese Arbeit. Deshalb ist es vielleicht besser, wenn du zunächst nur lesend beobachtest, wie diese Verklammerung der einzelnen Punkte zustande kommt.

Wir verwenden als Beispiel die vier Punkte B. I. 1 – 4 unseres Themas: *„Sollen Schüler Deines Alters jobben?"*

Die **Einfügungen in der Sonderschrift** sind die **Verknüpfung;** die Art der Verknüpfung wird am Rand genannt.

I.1   Eine Ferienarbeit zu finden, ist nicht immer leicht, denn es werden nicht allzu viele geeignete Arbeiten angeboten. Der Arbeitsmarkt ist – vor allem seit dem Zusammenschluss der beiden deutschen Staaten – gespannt; es gibt viele Arbeitslose ... Wer einen Blick in die Münchner Arbeitsämter wirft, kann die Schlangen von Arbeit Suchenden täglich beobachten.   *Lösungsbeispiel*

Kontrast | Es gibt <u>aber</u>, insbesondere in größeren Städten, kurzfristige Urlaubsvertretungen, die Schülern angeboten werden, z.B. das Austragen von Zeitungen.

I.2   *In den letzten Osterferien trug ich 14 Tage lang frühmorgens Zeitungen aus. Ich musste sehr früh aufstehen (4.30 Uhr!) und war gegen 9 Uhr fertig. Als die Schule wieder begann, fühlte ich mich schlapp und unlustig. Dieses Beispiel zeigt, dass Ferienarbeit das Gesamtbefinden eines Schülers negativ beeinflussen kann, besonders, wenn die Arbeit ungewohnt ist und die ganzen Ferien andauert.*

Reihung | Bei mir zeigten sich <u>weitere</u> negative Folgen: Es war z.B. so, dass … gewesen war. Intensive Ferienarbeit … schlechte Schüler.

                                              also

I.3   *Intensive Ferienarbeit kann | dazu führen, dass in der Zeit nach den Ferien oder im kommenden Schuljahr die Leistungen absinken, denn der Schüler*
2)   *kommt ja leicht gestresst aus den Ferien zurück und kann sich dem Unterricht nicht mit voller Aufmerksamkeit widmen. Einser-Schüler spüren das sicher*

⎿2)–1)   *nicht so stark wie mittelmäßige oder schlechte Schüler. / Bei mir war es z.B. so,*
1)   *dass ich in den Wochen nach Ostern zwei Fünfer „einsteckte" und das in Fächern, in denen ich vorher nie schlecht gewesen war.*

Kontrast | Ein <u>ganz anderes</u> Argument führen manche Eltern ins Feld: Sie

I.4   *[Viele Eltern] sind gegen die Ferienarbeit ihrer Kinder, weil sie meinen, dass deren Wünsche unbescheiden werden könnten, wenn sie einmal mehr Geld zur Verfügung hatten. Diese Behauptung mag für einige Schüler zutreffen, die vor Freude über … ein Kleidungsstück, mit dem sie angeben können, vergessen, was sich ihre Eltern leisten können und was nicht …*

98   Verknüpfen von Textteilen

Ist dir das Prinzip der Verklammerung an diesen Beispielen klargeworden? Wir haben hier zwei von drei Möglichkeiten der Verknüpfung eingesetzt: den **Kontrast** und die **Reihung**; es gibt aber noch die **Steigerung**. Sind die **Punkte gleichwertig**, kannst du auch einmal **einen Punkt umstellen**, wenn dir dies die Verknüpfung erleichtert. Hier könntest du z. B. I.2 und I.3 vertauschen und zuerst von der Schule und dann von deinem Gesamtbefinden sprechen (Verknüpfung: *„Nicht nur in der Schule bringt anstrengende Ferienarbeit Nachteile, sie wirkt sich sogar auf das Gesamtbefinden aus, weil man ..."* = **Steigerung**).

Gleichwertige Gliederungspunkte kannst du umstellen, wenn dir das ein Verknüpfen der Punkte erleichtert.

Für die drei Möglichkeiten der Verknüpfung – Reihung, Steigerung und Kontrast – möchte ich dir einige Wendungen auflisten; wenn du sie verwendest, solltest du natürlich jeweils abwechseln:

1. Wendungen für die Reihung:
- weiterhin
- außerdem
- ferner
- zusätzlich
- noch ein, noch ein weiteres ...
- darüber hinaus
- ebenso

2. Wendungen für die Steigerung:
- noch bedeutender (größer, wichtiger)
- weitaus schwieriger
- schwerer wiegt
- bedenklicher ist
- klarer erkennbar ist folgendes
- überzeugender erscheint mir

3. Wendungen für den Kontrast:
- während bisher ... kommen wir nun ...
- war bisher die Rede von ... soll jetzt ...
- es gibt noch ganz andere Gesichtspunkte
- konträre Vorstellungen ...
- ganz anders argumentiert ...
- im Gegensatz dazu ...
- auf der anderen Seite ...
- dagegen ließe sich einwenden ...

Übung B14

Versuche nun alles, was du über die Ausführung der Punkte und ihre Verknüpfung gelernt hast, in die folgende Übung einfließen zu lassen:
Führe zu unserem Thema „Sollen Jugendliche deines Alters jobben?" den Teil B. II. (vgl. die folgende Gliederung) aus und achte auf Überleitungen.

Gliederungsbeispiel

B. II. Argumente, die für einen Ferienjob sprechen:
1. Das Taschengeld wird aufgebessert
   a) Man kann sich Wünsche erfüllen, die sonst unerfüllbar sind
   b) Man hat Geld für Geschenke
2. Man lernt mit Geld richtig umzugehen
3. Man wird etwas unabhängiger von den Eltern
4. Der jobbende Schüler erhält einen Einblick in die Arbeitswelt
   a) er lernt neue Menschen kennen
   b) er versteht, was es heißt, schwer zu arbeiten
   c) er verliert eventuell seine Überheblichkeit

Die Verknüpfung von Einleitung und Hauptteil

Bisher war die Rede von der Verknüpfung der einzelnen Punkte. Du musst aber auch zwischen Einleitung und Hauptteil sowie zwischen Hauptteil und Schluss Übergänge finden.

Zuerst zur Verbindung von Einleitung und Hauptteil: Ich habe die Anfänge von **drei Schüleraufsätzen** korrigiert. Dabei habe ich sie nicht verändert, sondern nur Komma- und Rechtschreibfehler beseitigt. So kannst du selbst erkennen, wo die jeweiligen Stärken und Schwächen liegen.

Lies dir die drei Einleitungen und die Anmerkungen von mir dazu bitte durch! Wieder handelt es sich um das Ferienjob-Thema:

Schülerbeispiel 1

✗ = Wiederholung

persönl. Beispiel: gut geeignet

In den letzten Ferien wͯar ich mit meinen Eltern auf Kreta. Es war irrͯe heiß, man konnte es nur im Wasser aushalten. Der Strand wͯar steinig, und die vielen Besichtigungsfahrten wͯaren sehr anstrengend. Solche Ferien möchte ich nicht noch einmal erleben. Ich hätte lieber ein paar Wochen gejobbt und mir etwas Taschengeld verdient. ★

< = Sprung: es fehlt die Themafrage

<
Es ist aber nicht leicht, einen geeigneten Job zu finden.

Verknüpfung 1

★ Im Gespräch mit meinen Eltern merkte ich, dass es viele Argumente gegen und für einen Ferienjob gibt. Dagegen spricht zum Beispiel die Tatsache, dass es nicht leicht ist, einen geeigneten Job zu finden ...

Schülerbeispiel 2

In letzter Zeit versuchen immer mehr Schüler, einen Ferienjob zu finden.★

zu allgemein!
Anschluss nicht logisch

★ Deshalb habe ich mir überlegt, was für und was gegen einen Ferienjob spricht. Man kann sich durch solch einen Job leicht sein Taschengeld aufbessern ...

* Zu diesen Schülern gehöre auch ich. Bevor ich jedoch anfange zu arbeiten, habe ich mir Gedanken gemacht, was gegen und was für einen Ferienjob spricht.
Positiv ist sicher, ...

Verknüpfung 2

✓ Überleitung zu positiven Punkten

Bis 1839 mussten in Preußen sogar Kinder unter neun Jahren schwere Arbeiten in den Fabriken verrichten. Erst allmählich wurden Arbeitsalter und Arbeitszeit so bestimmt, dass der Arbeitsbeginn mit dem Ende der Schulpflicht zusammenfällt. Das Jugendarbeitsschutzgesetz regelt heute genau, wann und wie Jugendliche leichten Arbeiten nachgehen dürfen, z. B. in den Ferien. *

Schülerbeispiel 3

{ gute Sachkenntnisse!

Ferienjobs ermöglichen es den Jugendlichen, ihr Taschengeld aufzubessern ...

\>

\> = Hier fehlen Themafrage und Überleitung

* Trotz der gesetzlichen Absicherung haben Ferienjobs heutzutage auch Nachteile, die ich im zweiten Teil behandeln werde.

Verknüpfung 3

Und das kannst du aus den Beispielen lernen:

Schülerbeispiel 1: geht von einem persönlichen Erlebnis aus; dies ist für eine Einleitung gut geeignet. Es fehlt aber eine Verbindung von Einleitung und Hauptteil; außerdem ist die Themafrage nicht formuliert.

Schülerbeispiel 2: stellt eine sehr dürftige Einleitung dar. Sie beginnt mit einer unbewiesenen Behauptung, dann kommt fast nichts mehr. Die Themafrage ist zwar ausformuliert, sie steht aber mit der vorausgehenden Behauptung in keiner logischen Verbindung.

Schülerbeispiel 3: ist der beste der drei Versuche; eine historisch fundierte, nicht allzu lange Einleitung. Aber auch hier hat der nahtlose Übergang zum Hauptteil nicht geklappt.

1. Die Einleitung muss einen eigenständigen Gedanken enthalten.
2. Sie soll nahtlos in den Hauptteil übergehen.
3. An ihrem Ende muss die Themafrage stehen.
4. Zu lange und zu kurze Einleitungen erfüllen ihre Aufgabe nicht.
    4–5 Sätze sind in der Regel ausreichend.

Ideen zur Einleitung findest du auf S. 82.

Versuche zu der Mustergliederung auf S. 155 („Sollte das Rauchen an öffentlichen Schulen ganz verboten werden?") eine Einleitung zu schreiben sowie den Anschluss an den ersten Punkt des Hauptteils herzustellen.

Übung B 15

Verknüpfen von Textteilen

Wie verknüpft man Hauptteil und Schluss?

Der Schluss soll deinen Aufsatz abrunden – mehr nicht. Daraus lassen sich folgende Hinweise ableiten:

1. Vermeide einen zu ausführlichen Schluss; er kostet dich Zeit, und du beginnst unter Umständen bereits, ein neues Thema zu erörtern.
2. Schiebe keine Ergebnisse deiner Erörterung in den Schluss ab, die in den Hauptteil gehören, z. B. die Synthese.
3. Vermeide allzu allgemeine Äußerungen von Hoffnungen und Wünschen, das wirkt floskelhaft!

Zwei Beispiele sollen dir zeigen, wo die Schwierigkeiten dieses C-Teils liegen können. Wir bleiben bei unserem Thema ‚Ferienjob'; der letzte Punkt (B. IV) könnte so geendet haben:

Wenn man die Pro- und Kontra-Argumente gegeneinander abwägt, wird klar, dass die Pro-Argumente überwiegen, weil eine vernünftige, begrenzte, den Schutzbestimmungen entsprechende Ferienarbeit vor allem das Selbständigwerden von Jugendlichen fördert. Auch der Umgang mit eigenem Geld ist für das spätere Leben wichtig, mehr noch das Verständnis für andere. Ein Schüler mit schwachen Leistungen oder beeinträchtigter Gesundheit sollte jedoch von einer Ferienarbeit absehen.

Beispiel 1 für Schluss | *Ich als ‚mittelguter' Schüler habe vor, in den großen Ferien zu jobben und dann drei Wochen wegzufahren. Gegen diesen Kompromiß, der mir Zeit zur Erholung bietet, haben auch meine Eltern nichts einzuwenden.*

Beispiel 2 für Schluss | *Es gibt auch heute noch Länder, in denen Kinder und Jugendliche arbeiten müssen, damit ihre Familien nicht verhungern; z. B. in Südamerika. Diesen Kindern dürfte das erörterte Problem ‚Ferienjob' wie ein böser Witz vorkommen.*

Beispiel 1 ist ein guter Schluss, persönlich gehalten, knapp und abrundend. Er sollte aber nicht gewählt werden, wenn bereits in der Einleitung von persönlichen Erfahrungen die Rede war.

Beispiel 2 enthält zwar einen brauchbaren Gedanken; dieser Schluss schließt aber nicht nahtlos an den Hauptteil an. So könnte der Anschluss geschaffen werden:

Beispiel 2 für Schluss | (verbessert) *Die Frage, ob Jugendliche arbeiten sollen oder nicht, stellt sich in unserem Land. Es gibt jedoch auch Länder, in denen Kinder und Jugendliche heute noch arbeiten müssen, um ...*

Hast du in der Einleitung bereits historische Gesichtspunkte angeführt, wäre ein anderer Schluss günstiger. – Falsch wäre es gewesen, im Schlußteil mit einer weit ausholenden Beschreibung auf die Not in anderen Ländern einzugehen; damit hättest du bereits ein neues Thema angeschnitten.

Verknüpfen von Textteilen

Übung B 16

Schreibe einen Schluss zu unserem Thema *„Sollte das Rauchen an öffentlichen Schulen ganz verboten werden?"*

Der **Hauptteil** könnte so geendet haben:

Beispiel

Betrachtet man die Argumente, die für und gegen ein Rauchverbot sprechen, so überwiegen wohl die Argumente, die ein Rauchverbot befürworten; nicht so sehr wegen der unangenehmen Begleitumstände des Rauchens, sondern vor allem wegen des Erziehungsauftrags der Schulen. Schulen sollten grundsätzlich versuchen, Schüler dazu zu bewegen, das Rauchen aufzugeben oder wenigstens einzuschränken. Die Oberstufenschüler, die nicht rauchen, können den Mittelstufenschülern ein gutes Beispiel sein.

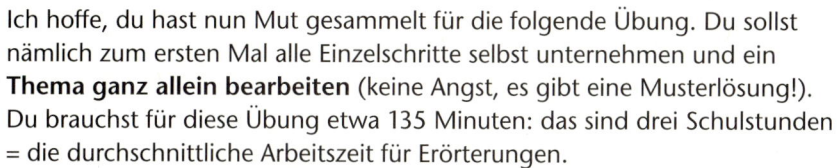

Übung B 17

Ich hoffe, du hast nun Mut gesammelt für die folgende Übung. Du sollst nämlich zum ersten Mal alle Einzelschritte selbst unternehmen und ein **Thema ganz allein bearbeiten** (keine Angst, es gibt eine Musterlösung!). Du brauchst für diese Übung etwa 135 Minuten: das sind drei Schulstunden = die durchschnittliche Arbeitszeit für Erörterungen.
Lies die Tips auf Seite 87/88 noch einmal durch. Schaue zwischendurch immer wieder auf die Uhr, damit du in der Zeit bleibst. Leider hast du diesmal keine Auswahl unter mehreren Themen; zum Ausgleich handelt es sich um ein Thema, das du sicher ohne großes Nachschlagen bearbeiten kannst.

Es lautet:

Erörterungsaufgabe

„Was kannst du persönlich tun, um dich umweltfreundlich zu verhalten?"

Und hier noch als Arbeitshilfe eine kleine Checkliste für die einzelnen Arbeitsschritte:

– den Thementyp bestimmen
– den Schlüsselbegriff bestimmen
– Stoff sammeln und ordnen/Ober- und Unterpunkte finden
– Gliederung erstellen
– die Ausführung schreiben
– die Arbeit gründlich durchlesen

7.3 Der richtige Stil

Wenn du eine Erörterung schreibst, teilst du einem Leser deine Thesen, Argumente und Beispiele schriftlich mit. Diese Mitteilungsform unterscheidet sich wesentlich von der mündlichen; denn wenn du mit jemand sprichst

– kannst du Wichtiges betonen, durch Lautstärke z. B. oder durch langsameres Sprechen.
– kann der Angesprochene nachfragen, wenn er etwas nicht weiß oder versteht.
– bist du in der Lage, dich zu verbessern, wenn etwas nicht angekommen ist; du kannst auf Wunsch zusätzliche Argumente liefern.

Bei der Erörterung ist dies alles natürlich nicht möglich, d. h. du musst von vornherein darauf achten, dass der Inhalt einleuchtend ist und dass er in einer klaren Sprache abgefasst ist. Welche sprachliche Form deine Arbeit haben soll, will dir dieses Kapitel zeigen.

Es handelt sich hierbei nicht um einen nebensächlichen Aspekt, sondern um einen, der für die Bewertung deines Aufsatzes wichtig ist: Je nach dem Schema, das dein Deutschlehrer/deine Deutschlehrerin verwendet, können Ausdruck und Sprachrichtigkeit zwei Drittel bis zwei Fünftel deiner Note bestimmen.

Es lohnt sich also, an der Ausführung stilistisch zu arbeiten, sie so gut wie möglich zu gestalten.

Folgende Hinweise können dir dabei helfen:

1. **Sei sachlich!** Die Erörterung verlangt von dir in erster Linie ein sachgerechtes, genaues Abwägen und Belegen; Über- und Untertreibungen, einseitige Darstellung (siehe auch ‚Fehler beim Argumentieren', S. 91/92), aber auch Witz und Ironie sind fehl am Platz. Du schreibst ja keine Glosse und keinen Kommentar. Entsprechend neutral und sachlich müssen auch Wortwahl und Satzbau deines Aufsatzes sein.

2. **Formuliere genau.** Informiere dich über die passenden Fachausdrücke, die du für dein Thema brauchst. Suche treffende Verben und Substantive. Ersetze ‚Allerweltsverben' wie ‚machen', ‚sein', ‚können', ‚sollen' ...

3. **Versuche im Satzbau abzuwechseln.** Das Grundmuster eines Satzes (Subjekt/Prädikat/Objekt bzw. Adverbiale) solltest du möglichst oft verändern bzw. erweitern.

Anfang August suchen viele Jugendliche eine Ferienarbeit.

Adverbiale   Prädikat   Subjekt   Objekt

Auf dem Arbeitsmarkt werden nur wenige Stellen angeboten.

Adverbiale   Prädikat   Subjekt   Prädikat

Aus diesen zwei unverbundenen Hauptsätzen lassen sich nun verschiedene Satzgebilde konstruieren, z. B.:

Beispiele für Satzbau

Hauptsatz + Hauptsatz
Anfang August suchen viele Jugendliche eine Ferienarbeit, es werden jedoch nur wenige Stellen angeboten.

Hauptsatz + Nebensatz
Anfang August suchen viele Jugendliche eine Ferienarbeit, die sie jedoch auf dem jetzigen Arbeitsmarkt nur schwer finden können.

Nebensatz + Hauptsatz
Weil der jetzige Arbeitsmarkt nur wenige Stellenangebote bietet, suchen viele Schüler Anfang August vergeblich nach einem Ferienjob.

Du siehst – es gibt viele Kombinationen, die du abwechselnd einsetzen solltest. Aber Vorsicht: Unübersichtliche Nebensätze solltest du nicht konstruieren, sonst geht es dir wie mit dem folgenden Satzgebilde:

Ein Satz,   *ist ein Schachtelsatz!*   *Negativbeispiel*
    der zu viele Nebensätze,   *enthält,*
                die ihn aufblähen,

4. Halte eine mittlere Stilebene ein.

Was ist damit gemeint? Dieser Ratschlag umfasst folgende drei Aspekte: Versuche zum einen nicht, zu kompliziert zu schreiben, indem du etwa viele Fremdwörter einbaust oder viele Substantivierungen verwendest.

Zwei Beispiele zeigen dir, was ich meine:

*Das **Timing** der **Anti-Raucherkampagne** war an unserer Schule nicht **optimal**.*   *Beispiel für Stil*

Hier hätte der Schüler besser geschrieben:

Wir haben an unserer Schule keinen glücklichen Zeitpunkt für unseren Feldzug gegen das Rauchen gewählt.

Drei Fremdwörter in so einem kurzen Satz sind zuviel; für ‚Timing' und ‚optimal' gibt es guten Ersatz; das Wort ‚Kampagne' hättest du auch beibehalten können.

Die Aufstellung von vielen Aschenbechern auf den Gängen führte zu einer Behinderung des Pausenverkehrs.   *Beispiel für Stil*

Verbessert könnte der Satz so aussehen:

Weil wir auf den Gängen viele Aschenbecher aufstellten, konnten sich die Schüler in den Pausen nicht richtig bewegen, und es gab ein Gedränge.

Halte dich aber zum anderen auch zurück bei der Verwendung umgangssprachlicher Ausdrücke wie ‚raus', ‚rein', ‚mal', ‚toll', ‚echt', ‚riesig' ...

Vermeide schließlich Wortwiederholungen, insbesondere am Satzanfang und in Bezug auf die Verben.

5. **Bemühe dich um orthographische Richtigkeit,** achte auch auf die **Satzzeichen!**

Diese beiden Punkte sind gewiss nicht leicht zu erfüllen, denn zumindest die deutsche Rechtschreibung hat ihre Tücken.

> 1. Orthographische Fehler zu erkennen und zu vermeiden, kannst du nur schrittweise lernen:
>
>   Schlage im Duden nach, wenn du dich unsicher fühlst (geht natürlich nicht in der Schulaufgabe!). Du weißt ja, seit 1996 gibt es einen neuen Duden und in vielen Fällen eine geänderte Rechtschreibung, die Schüler wie Lehrer neu lernen müssen.* Bis zum Jahre 2005 allerdings wird die alte neben der neuen Rechtschreibung noch gültig sein (= sogen. Übergangsregelung).
>
>   Mache dir eine Liste der Wörter, die du schon einmal falsch geschrieben hast und hänge sie an deine Pinnwand!
>
> 2. Die Kommaregeln kannst du wiederholen und einüben, wenn du dir den Anhang anschaust (vgl. S. 121 – 125). Dort findest du eine Übersicht über die wichtigsten Kommaregeln und eine Übung anhand einer Glosse, bei der du testen kannst, ob du fit bist in der Zeichensetzung!

*Auch dieses Buch ist daher schon in der neuen Rechtschreibung geschrieben.

So, und bevor du das eben Gelesene einübst, hier noch einmal kurz zusammengefasst, wie du den richtigen Stil für deine Erörterung triffst:

1. Sei sachlich.
2. Formuliere genau.
3. Variiere deine Satzbaumuster.
4. Schreibe weder hochgestochen noch umgangssprachlich, sondern halte eine mittlere Stilebene ein.
5. Bemühe dich um orthographische Richtigkeit und korrekte Zeichensetzung.

Übung B 18

Nun darfst einmal du korrigieren! Besorge dir einen Rotstift, lies die Tipps auf S. 104 –106 noch einmal durch – und dann geht's los! In jedem der fünf folgenden Beispiele hat ein Schüler/eine Schülerin nicht den richtigen Stil getroffen; oft handelt es sich um mehr als einen Fehlertyp. Du sollst zunächst im Text **anstreichen,** was dir auffällt, und es dann auf einem eigenen Blatt **verbessern.**

Die ersten drei Beispiele sind Einleitungen von Schülern zum **Thema:**
   „Sollten die Olympischen Spiele abgeschafft werden?"

Mir macht das Zuschauen bei Olympischen Spielen schon seit einiger Zeit null Spaß. Die vielen Sporttypen, die übertragen werden, sind zum Teil ätzend langweilig. Da nützen auch aufgemotzte Eröffnungs- und Schlussfeiern wenig, die Milliarden verschlingen.

Einleitungsbeispiel 1

Coubertin begründete die modernen Olympischen Spiele. Anfangs waren sie ganz einfach. Die Parole lautete: ‚Dabeisein ist alles!'. Sportliche Fairness war ganz wichtig. Wichtig war auch die völkerverbindende Wirkung der Spiele. Aber wie ist das heute?

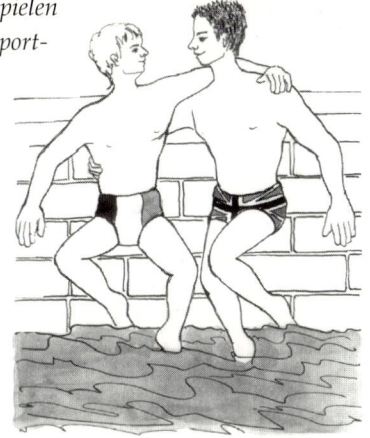

Einleitungsbeispiel 2

Das Doping-Problem bereitet heutzutage den Verantwortlichen und den Betroffenen schweres Kopfzerbrechen. Durch die Einnahme von schädigenden Substanzen wird die Kapazität von Athletinnen und Athleten gesteigert; dabei wird außer Acht gelassen, dass gesundheitliche Beeinträchtigungen die Konsequenz sein können und dass Leistungen verfälscht werden.

Einleitungsbeispiel 3

Bei den folgenden zwei Beispielen lautete das Thema:
„Welche Schwierigkeiten und Vorteile bringt die Vereinigung Europas?"

Der Begriff „Europa" ist für manche deutsche Bauern zu einem Reizwort geworden. Er beinhaltet für sie die Vorstellung, dass mit ihnen umgegangen wird wie mit ihren Rindviechern. ‚Butterberg', ‚Getreide- und Obstschwemme', ‚Milchkontingentierung', ‚extensive und intensive Weidenutzung' sind Schlagworte, die ihnen ständig um die Ohren gehauen werden. Richtig informiert werden sie nicht, man geht mit ihnen um wie mit unmündigen Kindern. Kein Wunder, dass der Landwirtschaftsminister immer unbeliebter wird.

Einleitungsbeispiel 4

Der europäische Gedanke ist schon sehr alt. Erst in letzter Zeit bemüht man sich intensiv, eine Einigung zu Stande zu bringen. Viele Schwierigkeiten stellen sich einer Einigung in den Weg: Da ist einmal das große Gefälle zwischen armen und reichen Nationen. Viele Nationen haben Angst, ihre Selbstständigkeit zu verlieren. Sie fürchten, dass in einem vereinten Europa ihre Kultur und ihre Interessen in einem ‚Einheitsbrei' untergehen könnten. Die reichen Nationen wollen ihren Reichtum nicht teilen. Den armen Nationen geht die Hilfe zu langsam voran. Viele sagen vorher, dass die Bürokratie das Europaparlament lahmlegen wird.

Einleitungsbeispiel 5

Stil 107

B

8. Die textgebundene Erörterung

Bisher haben wir es mit so genannten freien Themen zu tun gehabt, nun sollst du noch eine weitere Möglichkeit der Themenstellung kennenlernen: die Erörterung, die sich auf einen **Text** bezieht. Diese textgebundene oder textbezogene Erörterung gibt es in **drei Varianten:**

8.1 Variante 1: Die Texterörterung, bei der der Text nur Beigabe ist

Du erhältst einen Text (meist handelt es sich um einen argumentativen Text, aber nicht immer) und zugleich das vom Lehrer formulierte Thema.
In diesem Fall hast du es leicht, denn diese Art der Erörterung entspricht in allen Punkten dem, was wir bereits ausführlich geübt haben. Der Text ist bei ihr nicht mehr als eine **Beigabe,** die dir den Einstieg in das Problem erleichtern oder dir Ansatzpunkte für eigene Gedanken zum Thema bieten will. Im Schulalltag ist diese Variante relativ selten – leider!

So könnte eine entsprechende Schulaufgabe aussehen:

Originaltext

Eine Gesellschaft Stachelschweine
Eine Gesellschaft Stachelschweine drängte sich an einem kalten Wintertage recht nahe zusammen, um durch die gegenseitige Wärme sich vor dem Erfrieren zu schützen. Jedoch bald empfanden sie die gegenseitigen Stacheln; welches sie dann wieder voneinander entfernte. Wenn nun das Bedürfnis der Erwärmung sie wieder näher zusammenbrachte, wiederholte sich jenes zweite Übel; so daß sie zwischen beiden Leiden hin- und hergeworfen wurden, bis sie eine mäßige Entfernung von einander herausgefunden hatten, in der sie es am besten aushalten konnten.

A. Schopenhauer

Aufgabenbeispiel

Arbeitsaufträge:

1. Lies den Text aufmerksam durch und versuche zu verstehen, was er aussagen will.

2. Erörtere dann das Thema: „Das Zusammenleben von Menschen erfordert Nähe und Abstand".

(Sollte dich das Thema reizen – willst du es erschließen oder gliedern – findest du im Lösungsteil, nach Übung B 18/S. 165 f., Hinweise und den ersten Teil der Gliederung)

8.2 Variante 2: Die Texterörterung als Teil einer Textanalyse

Bei der zweiten Variante legt man dir zu einem Text eine Reihe von **Fragen** vor, deren letzte dich auffordert, eine oder mehrere Thesen des Textes zu erörtern. Die anderen Fragen können sich auf die Textsorte, den Aufbau des Textes oder seine sprachliche Gestaltung beziehen.
Bei dieser Variante besteht die Schwierigkeit darin, dass du die These(n) selbst erkennen und formulieren musst – das ist nicht immer einfach. Hast du es geschafft, die Aussage des Textes thesenartig zusammenzufassen, gehst du so vor, wie wir es geübt haben (Stoffsammlung ... Gliederung ... Ausführung).

Es gibt aber einen wichtigen Unterschied: Du hast für Gliederung und Ausführung **viel weniger Zeit** zur Verfügung als bei der nicht textgebundenen Erörterung. Mit dieser Schwierigkeit wollen wir uns nachher noch befassen.

Auf der nächsten Seite siehst du ein **Beispiel für die Variante 2:**

In dem Bewusstsein, dass du jetzt **keine** Schulaufgabe schreiben musst, sollte es dir leichtfallen, die folgende Glosse aus einer Tageszeitung mit **Genuss** zu lesen; hier hat sich nämlich der Verfasser seinen ‚olympischen Frust' von der Seele geschrieben!

Folgende Arbeitsaufträge könnten im Falle einer Schulaufgabe unter dem Text stehen.

Arbeitsaufträge: *Aufgabenbeispiel*

1. Bestimme die Textsorte und stelle in einem Satz fest, worum es geht.

2. Untersuche den Aufbau des Textes.

3. Nenne die wichtigsten sprachlichen Mittel, die der Autor einsetzt, und beschreibe kurz ihre Wirkung.

4. Erörtere die Hauptthese(n) des Textes.

Wie gehst du nun vor?

Zunächst liest du den Text sehr aufmerksam ein erstes und zweites Mal, denn du musst ihn unbedingt ganz verstehen, wenn du später die Thesen herausarbeiten willst. Hier sind einige **Randbemerkungen** und **Anmerkungen** vorgegeben – beim Hausaufsatz oder in der Schulaufgabe bist du auf dich selbst angewiesen.

Ich denke aber, dass dir dein Deutschlehrer/deine Deutschlehrerin schwierige Fremdwörter auf Wunsch erklärt.

textgebundene Erörterung

Originaltext | **Das Streiflicht**

1 (SZ) Ist das Faszinosum Olympia nur mit den großartigen Leistungen zu erklären, die Athleten aus aller Welt in Barcelona vollbringen? Oder damit, daß fast für jeden etwas dabei ist: ein versammelter Galopp für den Holsteiner Pferdefreund; geplatzte Augenbrauen für jene, denen die
5 edle Kunst der Selbstverteidigung soviel Freude macht; Velocipedisten, Säbelfechter, Schützen, die auf laufende Scheiben Jagd machen – ein Festival der wirbelnden Beine, der Schleuderbewegungen und Schubkräfte. Ist es das, was uns zur schönsten Biergartenzeit in abgedunkelten Räumen festhält, hineinzwingt in die stete Abfolge von Wettkampf und Wer-
10 beblock? Zu kurz gegriffen, viel zu kurz!

„Ein Bär von einem Menschen", raunte der Reporter bewundernd, als er einen Basketballer der GUS-Staaten in Aktion sah, einen Kerl, der durch keine Tür paßt. Schauen wir auf die Gewichtheber: Männer von fast zwerghaftem Wuchs stoßen und reißen, daß es eine Wucht ist; dann
15 treten wahre Muskelberge an die Hantel, breit wie die Findlinge in der oberbayerischen Moränenlandschaft. Im Superschwergewicht trat ein Koloß aus München auf, schob den massigen Körper unter das Gerät und fiel hintenüber wie ein großer, gepanzerter Käfer. Die Bronzemedaille war der Lohn, Werbeverträge werden folgen – wer wollte sie dem
20 Mann nicht gönnen. Seit vielen Jahren schon muß er sich quälen und mästen, muß essen und heben, heben und essen, sonst würde der menschliche Sockel unter dem Gewicht zerbersten. Als Pierre de Coubertin anno 1894 auf dem internationalen leibeserzieherischen Kongreß zu Paris wieder das olympische Feuer entfachte, konnten solche Bur-
25 schen vom Sport nicht leben.

Sie mußten sich auf Jahrmärkten zur Schau stellen, mußten eiserne Ketten sprengen oder schnaufend erdulden, daß ihnen schwere Gewichte auf den Bauch gelegt wurden. Menschen, die über zwei Meter groß waren, wurden in Buden zur Schau gestellt neben Indianerhäuptlingen
30 und afrikanischen Menschenfressern. Und die kleinen Mädchen, die immer häufiger in die Sparte „Frauenturnen" geschmuggelt werden, bewunderte man nur im Zirkus, wo ihre Eltern ihnen von klein auf den Salto mortale beibrachten.

Der Mensch wurde immer angezogen vom Monströsen*, vom Norm
35 abweichenden. Zirkusunternehmen und Jahrmärkte konnten der Konkurrenz des Fernsehens nicht widerstehen. Diese Lücke füllt Olympia, ein Unternehmen, das in vieler Hinsicht immer gigantischer wird. Wenn sich die Akzeleration** in manchen Ländern so fortsetzt, wird man den Basketballern die Körbe bald höher hängen müssen. Bei den Turnerinnen
40 geht der Trend wegen der Biegsamkeit im Kindesalter in eine andere Richtung. Sie werden immer mausartiger und brauchen entsprechend verkleinerte Geräte. Am Ende steht wieder der Flohzirkus.

(Süddeutsche Zeitung, 6. 8. 1992)

Beispiele für Monstrositäten

siehe Z. 37

früher ↑↓ *heute*

heute/morgen

siehe Z. 30–33

textgebundene Erörterung

* = Ungeheuerlichkeiten
** = Beschleunigung der körperlichen Entwicklung
~~~ = Positives
_____ = Negatives

Nach dem Lesen beantwortest du als nächstes die Fragen 1–3; wie du sicher erkannt hast, gehören sie in den Bereich der Textanalyse. Aus Zeitgründen müssen wir sie hier (und auch im Lösungsteil S. 166 aus Platzgründen) leider ausklammern.

Auf die Frage 4 wollen wir uns konzentrieren.
Bevor wir uns aber um die Hauptthese kümmern, möchte ich dir drei Probleme vor Augen führen, die dir zu schaffen machen könnten.

Problem Nr. 1: Arbeitszeit

Du musst bei der Variante 2 (dies gilt auch für Variante 3) ganz zügig arbeiten, denn du musst einen Text lesen und verstehen, **und zusätzlich** sollst du erörtern!

Das erfordert eine **genaue Zeiteinteilung,** es sei denn, du hast einen freundlichen ‚Lehrkörper', der die Zeiteinteilung an den Rand schreibt oder dir Tipps gibt.

Hier mein Vorschlag, wie du dir die Zeit einteilen solltest, wenn du die obenstehende Schulaufgabe bearbeiten müsstest:

7 – 10 Minuten:	genaues, mehrmaliges Durchlesen des Textes mit Unterstreichungen
Frage 1:	etwa 15 Minuten
Frage 2:	etwa 20 Minuten
Frage 3:	etwa 20 Minuten
Frage 4:	etwa 70 Minuten mit Durchlesen

(Ich bin hier von einer Arbeitszeit von 135 Minuten ausgegangen; es kann von Schule zu Schule Schwankungen geben. Vorsicht!)

Problem Nr. 2: Textsorte erkennen

Es ist wichtig, dass du erkennst, um welche Art von Text es sich handelt.

Glossen und **Satiren** dürfen (und müssen!) übertreiben; das musst du bei der Erstellung deiner Thesen berücksichtigen: Reduziere die Übertreibungen auf ein normales Maß!

Fabeln und Parabeln – das weißt du sicher noch aus den letzten Jahren – müssen aus ihrer Bildhälfte in die Sachhälfte übertragen werden (das Gesagte wird in das Gemeinte übertragen).

Gedichte verschlüsseln ihre Botschaft wiederum auf ganz besondere Weise (siehe erster Teil des Buches!) ... Es heißt für dich also ganz vorsichtig zu sein. Wenn du die Merkmale der Textsorten Glosse, Satire, Fabel und Parabel wiederholen willst, findest du in Kap. 9, S. 119 „Wichtige Begriffe", das Wichtigste dazu aufgeführt.

Problem Nr. 3: genaues Erfassen

Dies ist der schwierigste Aspekt, denn wenn es dir nicht gelingt, die Hauptthese(n) exakt zu erfassen, kann eine Themaverfehlung die Folge sein. Dann nützen all deine schönen Argumente und Beispiele nichts.

Da jeder Text an dein Verständnis unterschiedliche Anforderungen stellt, kann dir auch dieses Kapitelchen keine Garantie für ein Gelingen geben; aber wenn du die folgenden Merksätze liest und beherzigst, scheiden die schlimmsten Fehler aus, und du kannst dich sicherer fühlen.
Also nur Mut!

Übungen zum richtigen Erfassen der These(n) eines Textes findest du auf den nächsten Seiten.

1. Lies alle dir vorgelegten Texte mehrmals, und zwar langsam und gründlich. Habe keine Angst, dabei Zeit zu ‚vergeuden'.
2. Stelle die Textsorte fest, auch wenn es nicht verlangt ist. Die Textsorte gibt dir Hinweise für das Verstehen des Textes und die Absicht des Autors (siehe oben).
3. Bearbeite den Text farbig; merke Schlüsselbegriffe an; unterstreiche wichtige Stellen; notiere dir Widersprüche!
(Die Textangabe gehört stets dir; du kannst sie also ungehindert bearbeiten und musst sie nicht abgeben!).
4. An einer Schulaufgabe hat dein Lehrer/deine Lehrerin längere Zeit ‚herumgebastelt'; er/sie hat sich die Fragen und ihre Reihenfolge gut überlegt. Folge der angegebenen Reihenfolge!
Du lernst so nämlich Text und Textaussage schrittweise kennen; kommst du dann zu der Formulierung der Thesen, weißt du schon recht genau Bescheid über den Text. Das beschleunigt deine Arbeit und gibt dir mehr Sicherheit.
5. Werfe stets einen Blick auf die Uhr: Hast du genügend Zeit, solltest du versuchen, von jeder These mehrere Fassungen zu formulieren. Überprüfe sie dann vergleichend und kritisch und wähle die These, die dir am exaktesten erscheint.

Und schließlich noch etwas:
Unterschätze deinen Verstand nicht! Nach so vielen Hinweisen und den Übungen, die jetzt noch folgen, müsstest du fit wie ein Champion sein!

Wie findet man die richtige(n) These(n)?

An der Olympia-Glosse von S.110 wollen wir erarbeiten, wie du verlässlich herausfinden kannst, welche These(n) in einem Text aufgestellt wird bzw. werden (vgl. Arbeitsauftrag: Frage 4, S. 109).
Lies dann ‚das Streiflicht' noch einmal durch und betrachte, wie es bearbeitet wurde.
Erkennst du die Zusammenhänge? **Positives** wurde **unterringelt, Negatives unterstrichen;** die **historische Entwicklung** ist am Rand vermerkt.

Überprüfe nun die folgenden Möglichkeiten, die dir für die Hauptthese angeboten werden, und entscheide dich dann für die Lösung, die deiner Ansicht nach am genauesten ist:

Die Olympischen Spiele faszinieren so viele Menschen, weil sie für jeden etwas bieten. | These 1

Die Olympischen Spiele sind zu einem riesigen Vermarktungsunternehmen geworden. | These 2

Die Olympischen Spiele faszinieren die heutigen Fernsehzuschauer, weil sie zwar großartige Leistungen, aber auch ein riesiges, monströses Spektakel bieten. | These 3

Bist du zu einer Entscheidung gekommen? Hier einige Hilfsüberlegungen:

These 1 erfasst nur einen **Teilaspekt** (den 1. Abschnitt); der Autor verweist in Zeile 10 selbst darauf, daß diese Vorstellung ‚zu kurz' gegriffen ist.

These 2 ist ebenfalls nur eine **Teilthese;** sie ist im Text enthalten (Z. 19 und 37), aber der Aspekt ‚Faszination' wird nicht erwähnt.

These 3 erfasst den **Kern der Kritik,** die in der Glosse steckt.

Diese These aber musst du nun noch zu einer Frage umformulieren, die man erörtern kann; etwa so:
„Trifft es zu, dass die Fernsehzuschauer heutzutage vor allem von dem riesigen monströsen Spektakel Olympia fasziniert sind?" | These

Du siehst, die Hauptthese hat sich verwandelt in ein **Pro- und Kontra-Thema.** Das muss nicht immer so sein.

Angenommen, der Text **hätte** folgende Hauptthese enthalten:
„Die Olympischen Spiele werden immer gigantischer und kommerzieller", – ...
dann hätte es kein Pro und Kontra gegeben, denn die These ist nicht widerlegbar.

textgebundene Erörterung

Aber zurück zu unserem Beispiel. Wenn die These ‚steht', gehst du nach dem erarbeiteten Raster vor: Stoffsammlung, Ordnen der Punkte, Gedanken für Einleitung und Schluss finden, Gliederung schreiben (Einen Vorschlag für eine ausgearbeitete Gliederung findest du im Lösungsteil auf S. 166 am Ende von Übung B 18).

Du musst – wie besprochen – bei allen Punkten ganz konzentriert sein und dich kurz fassen, dich auch mit weniger Punkten begnügen – sonst reicht deine Arbeitszeit nicht.

Übung B 19

Finde zu folgendem Text die Hauptthese und formuliere sie in ein Erörterungsthema um:

Originaltext

Über das Zerpflücken von Gedichten

1 Der Laie hat für gewöhnlich, sofern er ein Liebhaber von Gedichten ist, einen lebhaften Widerwillen gegen das, was man das Zerpflücken von Gedichten nennt, ein Heranführen kalter Logik, Herausreißen von Wörtern und Bildern aus diesen zarten blütenhaften Gebilden. Demgegen-
5 über muß gesagt werden, daß nicht einmal Blumen verwelken, wenn man in sie hineinsticht. Gedichte sind, wenn sie überhaupt lebensfähig sind, ganz besonders lebensfähig und können die eingreifendsten Operationen überstehen. Ein schlechter Vers zerstört ein Gedicht noch keineswegs ganz und gar, so wie ein guter es noch nicht rettet. Das Heraus
10 spüren schlechter Verse ist die Kehrseite einer Fähigkeit, ohne die von wirklicher Genußfähigkeit an Gedichten überhaupt nicht gesprochen werden kann, nämlich der Fähigkeit, gute Verse herauszuspüren. Ein Gedicht verschlingt manchmal sehr wenig Arbeit und verträgt manchmal sehr viel. Der Laie vergißt, wenn er Gedichte für unnahbar hält, daß der
15 Lyriker zwar mit ihm jene leichten Stimmungen, die er haben kann, teilen mag, daß aber ihre Formulierung in einem Gedicht ein Arbeitsvorgang ist und das Gedicht eben etwas *zum Verweilen gebrachtes* Flüchtiges ist, also etwas verhältnismäßig Massives, Materielles. Wer das Gedicht für unnahbar hält, kommt ihm wirklich nicht nahe. In der Anwendung von Kriterien* liegt ein Hauptteil des Genusses. Zerpflücke eine Rose und jedes Blatt ist schön.

Bertolt Brecht

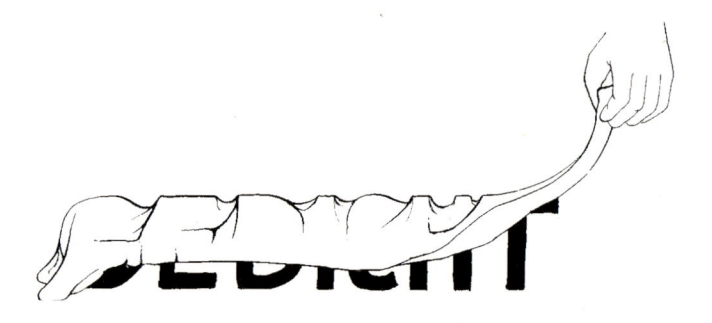

*Kriterium = unterscheidendes Merkmal

Zur **Variante 2 (Textanalyse und Texterörterung)** wollen wir uns ein **letztes Beispiel** anschauen sowie eine kleine Übung dazu machen. Diesmal handelt es sich um ein Gedicht, und zwar um eines, das du bereits kennst. Um so leichter sollte es dir fallen, seine Botschaft zu entschlüsseln.

Es geht um das Gedicht „Ende der Kunst" von Reiner Kunze; lies es bitte auf S. 52 nach. Auf den Seiten 51/52 findest du eine Reihe von Hinweisen zu dem Text. Dort sind einige textanalytische Fragen gestellt, zu denen du S. 150 unter Übung A 17 im Lösungsteil die Beantwortung findest.

Hast du nachgelesen? Damit bist du fein heraus und gut vorbereitet auf die nächsten Fragen:

a) Was entspricht den beiden Tieren und der Sonne?
b) Wie ist die letzte Zeile zu verstehen?
c) Nachdem du diese Fragen beantwortet hast – also aus der Bildhälfte in die Sachhälfte übertragen hast, sollst du die wichtigsten Gedanken des Textes thesenhaft formulieren.

Übung B 20

Dazu abschließend ein paar Tips, wie du diese Thesen ausführen könntest:

Tipp

1. Enge deine Beispiele nicht auf den Autor und die ehemalige DDR ein; dazu sind die Feststellungen, die der Text macht, zu allgemein. Es gibt überall in der Welt versteckte und offene Zensur.
2. Denke daran, dass es nicht nur um Dichtkunst, sondern um Kunst allgemein geht (darstellende Kunst/Film ...).

8.3 Variante 3: Die Texterörterung ohne detaillierte Arbeitsaufträge

Die reine Texterörterung ist in der Mittelstufe selten – aber es gibt sie. Wir wollen sie kurz umreißen und an zwei leichteren Beispielen üben.

Leider geht es auch hier nicht ohne einige Merksätze!

1. Du solltest dich – wenn dir dies möglich ist – über den Autor und seine Grundeinstellung informieren. Das erleichtert dir das Verständnis des Textes.
2. Auch bei dieser Variante ist die Beachtung der Textsorte wichtig!
3. Manchmal – vor allem bei verschlüsselten Texten – ist es notwendig, bei der Erschließung der Kernthese ein wenig über den vorhandenen Text hinauszugehen und herauszufinden, was gemeint ist. Aber Vorsicht: Du solltest nicht anfangen, zu spekulieren und dich zu weit vom Text entfernen.
4. Achte stets genau auf die Aufgabenstellung; verlangt sie eine persönliche Stellungnahme, darfst du nicht allgemein bleiben, und umgekehrt.

textgebundene Erörterung

Übung B 21

Wie lange schaust du täglich fern? Gehörst du zu den Dauerkonsumierern, die nicht abschalten können? Dann wird dich unser Übungstext provozieren. Oder bist du ein(e) sogenannte(r) gezielte(r) Fernsehzuschauer(in)?

Dann wird dich der folgende Text in deiner Haltung bestärken.
Wie dem auch sei – hier ist er:

Originaltext

Fernsehen

Heute ersetzt das Fernsehen nicht nur Theater, Kino, Bücher und Zeitungen, sondern auch Gefühle, Emotionen, das Leben selbst. Das Fernsehen ist für die Menschen ein Organ geworden wie Lunge, Herz und Leber, und es hat sich in unserem empfindlichsten Punkt eingenistet, in der Seele. Von dort aus schaut, beurteilt und konditioniert* es. Wir warten, bis uns das Fernsehen abends in der Tagesschau sagt, was wir gesehen und erlebt haben.
Die Tendenz des Fernsehens: Abermillionen von Menschen zu verdummen, indem es abends in ihre Häuser und Herzen dringt. Das ist wie eine Infektion der Seele, die viel schlimmer ist als jede körperliche Infektion. Und noch gibt es kein Antibiotikum dagegen. Man müßte die Sender in die Luft sprengen und die Satelliten abschießen.

Federico Fellini

* *konditionieren = anpassen*

Aufgabenbeispiel

Dein Arbeitsauftrag lautet:

Erörtere kritisch die Vorstellungen, die der Filmregisseur Federico Fellini zum Fernsehen äußert.

Und so sollten deine einzelnen Arbeitsschritte aussehen:

textgebundene Erörterung

1. Du liest zunächst den Text mehrmals und bearbeitest ihn farbig (Schlüsselbegriffe, wichtige Stellen ... inzwischen bist du ja geübt).
2. Dann schreibst du die Einzelgedanken heraus, aber noch nicht die Thesen; du gehst dabei linear (= der Reihe nach) vor.
3. Jetzt ordnest du die Einzelgedanken und formulierst Thesen.
4. Du ‚bastelst' die Gliederung nach den bekannten Richtlinien und überlegst dir je einen Einleitungs- und einen Schlussgedanken.
5. Du führst – je nach Zeit und Lust – die Einleitung und einen Punkt des Hauptteils aus.

Die Lösung für die Punkte 2 und 3 findest du gleich anschließend (am besten deckst du sie zunächst ab!)

2. Einzelgedanken:

Lösungsbeispiel

- *Fernsehen verdrängt Theater, Kino, Bücher ...*
- *Fernsehen verdrängt echtes Leben – es wird Lebensersatz.*
- *Zuschauer sehen das wahre Leben nicht mehr, sie schauen durch die ‚Brille' Fernsehen.*
- *Fernsehen ist wie eine ansteckende Krankheit, es lähmt und verdummt den Menschen.*
- *Wir können uns gegen die Macht des Fernsehens nicht wehren – es ist allgegenwärtig.*

Diese Einzelgedanken sind noch zu stark aufgefächert; du könntest sie so nicht erörtern, also musst du sie zusammenfassen und straffen.

3. Welche Thesen sind erkennbar?

Lösungsbeispiel

These 1:
Das Fernsehen verdrängt andere Medien und Kunstformen.

These 2:
Es bietet Leben aus zweiter Hand (Lebensersatz), indem es uns daran hindert, Leben direkt zu erfahren.

These 3:
Das allgegenwärtige Fernsehen verdummt und lähmt die Zuschauer.

Diese drei Thesen kannst du in deiner Erörterung nacheinander auf ihre Stichhaltigkeit prüfen; es gibt bei allen dreien ein Pro und Kontra.

Ich hoffe, du bist jetzt schon so fit im Gliedern, dass du keine weitere Hilfe mehr brauchst. Solltest du aber doch noch ein Auge riskieren wollen – die Mustergliederung steht im Lösungsteil. Zu den noch fehlenden Punkten von 4. und 5. habe ich dir im Lösungsteil keine Lösung vorgegeben.

textgebundene Erörterung

Übung B 22

Jetzt wird es für dich ganz leicht: Aus dem vorliegenden Text sollst du **nur** die **Thesen** herausfinden.

Originaltext

Warum man den Motzki so richtig mögen muß

Liebe Leserin, lieber Leser,
auf welcher Seite stehen Sie? Hat Motzki Sie auch geärgert, oder hat er Sie amüsiert? Ich gestehe, ich mag Friedhelm Motzki richtig gern. Er ist das netteste West-Ekel, das mir je begegnet ist. Verglichen mit den realen Motzkis ist er ein Kuscheltier.

Angeblich spaltet Motzki die Nation. Das ist natürlich Quatsch: Denn die Nation ist gespalten. Vierzig Jahre Trennung lassen sich nicht per Vertrag überwinden. Das braucht Zeit. Wenn Deutsche und Deutsche zu Mauer-Zeiten zusammenkamen, war immer nur Honeymoon. Konflikte wurden nicht ausgetragen, Beziehungsklippen sorgsam umschifft. Niemand wollte sich die paar Stunden verderben. Aber jetzt ist Ehe-Alltag, und es muß sich zusamamenraufen, was zusamamengehört.

Dabei mischt Motzki prächtig mit. Das Großmaul spricht ungeniert aus, was viele im Westen denken, tunlichst aber nicht in Gegenwart der lieben Ossis sagen. Der Nation wird nun der Spiegel vorgehalten, mehr nicht. Wer fordert, die Sendung sollte verboten werden, der behandelt uns Ostdeutsche wie Kranke, die man betütteln muß.

Hoffentlich ärgern sich viele über die Motzki-Filme. Das könnte den Ostdeutschen helfen, endlich kräftig zurückzumotzen. Ich weiß ja, daß bei vielen die Nerven blank liegen. Und daß sie weder über Motzki noch über sich selbst lachen mögen. Beleidigt kann aber eigentlich nur sein, wer sich in Motzkis Sprüchen wiedererkennt.

Ich weiß nicht, wie die Serie weitergeht. Aber ich ahne, daß Ost-Schwägerin Edith am Ende die Stärkere ist. Frauen sind das immer. Und daß eine Frau den Ostpart spielt, ist ganz bestimmt kein Zufall, meint jedenfalls

Ihr Konrad Weiß
(Gong 7/93)

(Konrad Weiß ist Bundestagsabgeordneter für das „Bündnis 90/Die Grünen" und war vorher in der DDR-Bürgerrechtsbewegung)

9. Wichtige Begriffe aus dem Sachgebiet Textsorten

Damit du es leichter hast, in den vorgelegten Aufgaben die jeweilige Textsorte zu erkennen, findest du hier eine Kurzdefinition derjenigen Textsorten, die dir in den meisten Fällen begegnen werden.

■ Die Fabel:
(von lateinisch: fabula = „Erzählung")
Bei der Fabel handelt es sich um einen kurzen Text in **Prosa** oder in **Gedichtform**, der eine **Moral** oder eine **Lebenserfahrung** vermitteln will.
In der Fabel sind es meist **Tiere** (aber gelegentlich auch Dinge oder Pflanzen), die sich in Konfliktsituationen wie Menschen verhalten; so werden menschliche Schwächen und menschliches Fehlverhalten indirekt **kritisiert.**
Die Tiergeschichte selbst bezeichnet man als **Bildhälfte,** die Übertragung auf den menschlichen Bereich als **Sachhälfte.**

Der klassische Aufbau der Fabel sieht so aus:

1. Knappe Skizzierung der Situation
2. Rede – Gegenrede (oder Handlung – Reaktion)
3. Schlussfolgerung

■ Die Parabel:
(von griechisch: paraballein = „nebeneinanderhalten, vergleichen")
Auch die Parabel ist eine **lehrhafte Erzählform;** anhand einer Szene oder einer kurzen Geschichte wird **gleichnishaft** eine **Lehre** oder eine **Moral** verdeutlicht.
Die Geschichte selbst stellt die Bildhälfte dar; demgegenüber ist das, was mit dem Erzählten gemeint ist, die Sachhälfte. Meist ist jedoch (im Unterschied zur Fabel und zum Gleichnis) die Verbindung zwischen Bildhälfte und Sachhälfte schwerer herzustellen; man spricht dann von einer verrätselten oder paradoxen Parabel.

■ Die Glosse:
(von griechisch: glossa = „Zunge, Sprache")
Ursprünglich wurde der Begriff verwendet, um die **althochdeutschen Übersetzungsversuche** lateinischer Texte zu kennzeichnen (einzelne lateinische Wörter wurden zwischen den Zeilen oder am Rand ins Althochdeutsche übertragen).
Heute bezeichnet man mit Glossen relativ kurze **Zeitungsartikel,** die zu einem aktuellen Ereignis Stellung beziehen; dies geschieht meist in **ironischer und/oder polemischer Art und Weise. Übertreibung, einseitige Pointierung, Ironie** und **Sarkasmus** bestimmen den Stil einer Glosse.

■ Die Satire:

(von lateinisch: satura = „Fruchtschüssel als Gabe an die Götter: bunte Mischung")

Die meist in Prosa gehaltene Satire ist in ihrer Länge nicht festgelegt; sie will **Missstände** und **menschliches Fehlverhalten entlarven** und verspotten, lästige Wahrheiten offenbaren.

Auch sie setzt als Stilmittel **Übertreibung, Ironie** und **Sarkasmus** ein sowie **vermeintliche Widersprüchlichkeit** und **Ungereimtheit**. Ziel der Satire ist es, zum Nachdenken und sinnvollen Handeln anzuregen.

Anhang

Die wichtigsten Kommaregeln

1. Das Komma bei Aufzählungen

Das Komma steht bei **Aufzählungen zwischen gleichrangigen Wörtern**, wenn sie nicht durch **,und'** oder **,oder'** verbunden sind.

Sie kaufte Äpfel, Birnen und Kiwis ein. | *Beispiel*

Kein Komma steht zwischen Adjektiven, die nicht gleichrangig sind (d. h. ein Adjektiv bestimmt das andere näher).

Sie trank ein dunkles bayerisches Bier. | *Beispiel*
Die allgemeine wirtschaftliche Lage ist nicht rosig.

2. Das Komma zwischen Sätzen oder Satzteilen

a) Das Komma steht zwischen **Haupt- und Nebensatz**; der Nebensatz kann Vordersatz, Zwischensatz oder Nachsatz sein.

Wenn du mir hilfst, freue ich mich. | *Beispiel*
Das Paket, das gestern ankam, war von Tante Trude.
Ich freue mich, wenn du mir hilfst.

b) Das Komma trennt **nebengeordnete gleichrangige Sätze**.

Die Musik wird leiser, der Vorhang hebt sich, das Spiel beginnt. | *Beispiel*

Es steht aber in der Regel kein Komma, wenn solche Sätze oder Satzteile durch eine der folgenden Konjunktionen verbunden sind:
und / oder / beziehungsweise / weder – noch / entweder – oder / sowie / sowohl – als auch

! neu

Es regnete lange und dann begann es zu schneien. | *Beispiel*
Die Rechtschreibreform war weder notwendig noch war sie logisch zu Ende gedacht.

Diese Regel gilt für Haupt- und Nebensätze. Also auch:

Sie sagte, sie wisse Bescheid und der Vorgang sei ihr völlig klar. | *Beispiel*

Die Formulierung ,in der Regel' weist darauf hin, dass sowohl bei gleichrangigen Haupt- als auch Nebensätzen ein Komma gesetzt werden darf, wenn das Satzgefüge ohne die Kommata zu unübersichtlich wäre.

c) Wird der übergeordnete Hauptsatz nach dem Nebensatz weitergeführt, dann setzt man am Ende des Nebensatzes ein Komma:

Beispiel | *Petra hatte Servietten, Kerzen, Kärtchen und was sie sonst noch für die Dekoration brauchte, gekauft.*

3. Das Komma bei Konjunktionen (Bindewörtern)

a) Das Komma steht zwischen Satzteilen, die durch **anreihende Konjunktionen** in der Art einer Aufzählung verbunden sind (vgl. auch 2 b). Dies gilt für:

bald – bald	je – desto
einerseits – and(e)rerseits	teils – teils
einesteils – and(e)renteils	nicht nur – sondern auch
ob – ob	halb – halb

Beispiel | *Sie ist nicht nur sehr musikalisch, sondern auch sportlich begabt.*

b) Ein Komma wird vor folgenden **entgegensetzenden Konjunktionen** verwendet:

aber
allein
jedoch, doch
vielmehr
sondern

Beispiel | *Sie wollte helfen, doch er lehnte ab.*
Er schaute sich den Film an, sie aber nicht.

c) **Kein Komma** steht vor anreihenden Konjunktionen (**und/sowie, sowohl – als auch** vgl. oben 2 b) und folgenden **ausschließenden** und **vergleichenden Konjunktionen** bei Satzteilen:

ausschließende Konjunktion:	vergleichende Konjunktion:
oder	**als** (nur bei Satzteilen)
beziehungsweise	**wie** (nur bei Satzteilen)
respektive	
entweder – oder	
(vgl. oben unter 2 b)	

Beispiel | *Sie war so freundlich wie noch nie.*
Du musst dich entweder für diesen oder den anderen Vorschlag entscheiden.
Es ging besser als erwartet. (Satzteil)
Es ging besser, als wir erwartet hatten. (ganzer Satz)

4. Das Komma bei Partizipial- und Infinitivgruppen

a) **Partizipien** ohne nähere Bestimmungen und **Infinitive ohne ‚zu'** stehen in der Regel ohne Komma.

Du kannst mir bei der Arbeit helfen. | *Beispiel*
Lächelnd und winkend stand sie auf dem Bahnsteig.

b) Will man die Gliederung eines Satzes deutlich machen, **darf (!) man Partizipialgruppen** durch Komma abtrennen, man muss jedoch nicht.

! neu

Seinem Vorschlag entsprechend(,) ist der Garten umgestaltet worden. | *Beispiel*

c) Den **erweiterten Infinitiv mit ‚zu' kann man** durch **Komma** abtrennen wenn man die Gliederung des Satzes verdeutlichen und Missverständnisse ausschließen will.

Wir empfehlen den Schülern(,) die Regeln zu lernen. | *Beispiel*
Wir empfehlen (,) die Regeln zu lernen.

Nicht sinnvoll ist das Komma jedoch, wenn der erweiterte Infinitiv mit dem **Hauptsatz verschränkt** ist (z. B.: ‚Diesen Vorgang wollen wir zu erklären versuchen') oder wenn er auf die Verben **‚brauchen', ‚pflegen'** und **‚scheinen'** und **Hilfsverben** folgt (z. B.: ‚Du scheinst heute schlecht gelaunt zu sein./Du brauchst mir nichts zu erklären.').

d) Zielt ein **hinweisendes Wort** auf den Infinitiv, müssen Kommata gesetzt werden:

Erinnere mich daran, den Mülleimer auszuleeren. | *Beispiel*

5. Das Komma bei herausgehobenen Satzteilen, nachgestellten Erläuterungen oder Beisätzen (Appositionen = Beifügungen)

Das Komma trennt **herausgehobene Satzteile**, die durch Pronomen oder Adverb erneut aufgenommen werden, ab. Ebenso auch **nachgestellte Erläuterungen**, die mit „und zwar", „nämlich", „z. B." eingeleitet werden.

Deinen Vater, den habe ich gut gekannt. | *Beispiel*
Das Schiff verkehrt wöchentlich zweimal, und zwar sonntags.

Das Komma trennt die **Beifügung** vom vorhergehenden Satzteil ab.

Johannes Gutenberg, der Erfinder der Buchdruckerkunst, wurde in Mainz geboren. | *Beispiel*

Folgt dagegen der **Name auf die Beifügung,** dann kann ein Komma stehen oder nicht.

! neu

Der Erfinder der Buchdruckerkunst (,) Johannes Gutenberg (,) wurde in Mainz geboren. | *Beispiel*

Übung

Im folgenden Text, der die Reporterleistungen bei den Olympischen Spielen 1992 in Barcelona kritisch würdigt, handelt es sich nicht um eine Schülerarbeit, sondern um eine Glosse aus einer Boulevardzeitung.

Setze alle notwendigen Kommas.
Schau im Zweifelsfall oben nach, ob du richtig ‚liegst'. Gehe nicht nach deinem Gefühl vor, sondern überlege an jeder Stelle, an der du eine Zahl findest, **ob und warum ein Komma steht oder nicht.**

Originaltext

Olympia im TV

Keine Frage ① die ‚Saure Zitrone' unter den Reportern steht ZDF-Mann **Bernd Heller** zu. Er hält die Steigerungsform ‚hell ② heller ② am hellsten' für die geeignetste Form seiner Persönlichkeitsbeschreibung. Heller hat einmal im Stabhochsprung 5,20 Meter überquert ③ und fühlt sich etwa in diesem Abstand den simplen Erdenbürgern überlegen. **Günter Jauch** blickt in die Kameras mit dem treuherzigen Blick eines Cockerspaniels ④ der gerade eine Wurst aus dem Kühlschrank gemopst hat. Er tut arglos ⑤ schnappt aber gerne zu ⑥ und schreckt auch nicht vor dicken Brocken zurück (Doping). Es macht Spaß ⑦ ihm zuzuhören. Er ist klar die Nummer 1 unter den Moderatoren.

Im Wettstreit um die schönste Stilblüte hat **Wolfram Esser** Beachtliches geleistet: „Die Dänen zeigen gute Ausdauer. Es ist ja auch eine fahrende Wassersportnation." Vorn aber ⑧ um Hufbreite sozusagen ⑧ ist Pferdefreund **Armin Basche** mit der Erkenntnis: „Die erhabene Bewegung kommt dadurch zustande ⑨ daß der Reiter mit Kreuz ⑩ Gesäß ⑩ und Schenkel gegen die beiderseits ruhig stehenden Hände treibt ⑪ drückt und mit den Zügeln die Vorwärtsbewegung des Pferdes bremst ⑫ zurücknimmt." Da zieht's nicht nur dem Reitersmann die Stiefel aus.

Der mit Abstand beste Reporter schlug am Boxring zu. Zwielichtige Funktionäre ⑬ Bestechung ⑭ Fehlurteile – **Werner Schneyder** rechnete knallhart ab: „Wenn die Boxer soviel üben würden ⑮ wie die Kampfrichter ⑯ lägen sie nach 30 Sekunden ohne Schlagwirkung am Boden ..."

(Abendzeitung 10. 8. 1992, leicht gekürzt).

Lösung

Es sind insgesamt 16 Stellen, an denen du überlegen musstest, ob ein Komma steht oder nicht. Hier sind die Begründungen für die jeweils richtige Lösung; ich hoffe, dass du viele selbst gefunden hast.

① Komma: verkürzter Hauptsatz + Hauptsatz (vgl. oben Regel 2 b)

② Komma: Es handelt sich um eine Aufzählung. (R 1)

③ Kein Komma: Und-Satz (R 2 b)

④ Komma: Hauptsatz + Nebensatz (R 2 a)

⑤ Komma: neben geordnete Hauptsätze (R 2 b)

⑥ Kein Komma: Und-Satz (R 2 b)
⑦ Nach der neuen Regelung kann hier ein Komma stehen, es muss aber nicht (R 4 c).
⑧ Zwei Kommas: Beifügung (R 5)
⑨ Komma: Hauptsatz + Nebensatz (R 2 a)
⑩ Komma: Aufzählung; zweite Stelle: kein Komma, da ‚und' vorhanden (R 1).
⑪ Komma: Aufzählung (R 1)
⑫ Komma: Aufzählung (R 1)
⑬ + ⑭: Aufzählung, deshalb Kommas (R 1)
⑮ Kein Komma: vergleichende Konjunktion vor Satzteil (R 3 c)
⑯ Komma: Nebensatz + Hauptsatz (R 2)

Statt eines Nachworts

Du hast es geschafft! Congratulations! Der optimistische Frosch ist gegen dich eine müde Nummer.
Deine Ausdauer und dein Fleiß werden dir sicher in den nächsten Schulaufgaben helfen, sowohl Gedichte als auch Erörterungsthemen ohne Angst und mit viel Schwung und Selbstvertrauen anzugehen.

Ich wünsche dir dabei viel Erfolg!

                                                                            Die Autorin

Mit Fehlerbrille Rechtschreib-, Zeichensetzungs- und Grammatikprobleme beheben

- Was macht ein Arzt, bevor er dich behandelt? Er untersucht dich gründlich, um festzustellen, was dir eigentlich fehlt; dann erst kann er dich richtig behandeln.

- **Bekannte Tipps, die leider nicht viel bringen**

Wenn jemand Rechtschreibprobleme hat - und die wird es auch nach der Rechtschreibreform noch geben! -, sollte er ähnlich vorgehen: erst untersuchen, dann handeln. Denn zwei Taktiken, die oft empfohlen werden, bringen wenig oder gar nichts:

- So bekommt man häufig den Rat: "Lesen!". Lesen ist sicher eine schöne Sache, die helfen kann, den eigenen Horizont zu erweitern oder zu einem größeren Wortschatz zu gelangen. Aber dass das Lesen gegen Rechtschreibprobleme hilft, ist ein zwar weit verbreitetes, aber unbewiesenes Gerücht. Entsprechende wissenschaftliche Untersuchungen konnten die Wirkung des Lesens auf die Rechtschreibfähigkeiten nicht belegen.

- Viele versuchen auch dadurch besser zu werden, dass sie ein Diktat nach dem anderen schreiben. Diese Methode ist viel zu allgemein, um wirklich helfen zu können. Denn jeder hat gewisse Bereiche, die er beherrscht, und andere, bei denen er Fehler macht. Es hat keinen Sinn einfach drauflos zu üben – man muss gezielt vorgehen. Dann sieht man auch schneller einen Erfolg, erhält sich die Lust am Arbeiten und gibt nicht vorschnell auf.

Der einzig sinnvolle Weg: eine Fehlerdiagnose stellen

Rücke deshalb deinen Rechtschreibproblemen mit einer Lupe auf den Leib. Ausgangspunkt deiner Untersuchung sind deine bisherigen Diktate und Aufsätze. Sie kommen jetzt sozusagen ins Labor - in dein Labor. Es besteht aus einer sogenannten Fehlerliste (die findest du weiter hinten), und du ordnest nun jeden Fehler aus deinen Arbeiten dem entsprechenden Fehlertyp zu. Wenn du dabei Schwierigkeiten hast, dann lass dir von deinen Eltern, Geschwistern oder deinem Lehrer helfen.

Nebenbei wirst du übrigens merken, wie oft du eigentlich gar nicht weißt, inwiefern das angestrichene Wort falsch geschrieben ist.

Dein Untersuchungsergebnis ist um so aussagekräftiger, je mehr Arbeiten du berücksichtigst. Du kannst in einem zweiten und dritten Durchgang dann auch schauen, ob du besondere Zeichensetzungs- oder Grammatikfehler machst.

Von der Fehlerdiagnose zum gezielten Trainingsprogramm

Auf der Grundlage deiner Fehlerliste kannst du nun dein Trainingsprogramm zusammenstellen. Konzentriere dich dabei zunächst auf die Fehlerquelle, die dir am leichtesten behebbar erscheint. Wenn du dich nämlich gleich den am schwersten auszumerzenden Fehlern zuwendest, zerstörst du sehr schnell deine Arbeitsmoral.

Dann machst du dir einen Arbeitsplan, in dem du festlegst, welche Übungen du wann durchführst. Wenn du deiner Fehler wirklich Herr werden willst, brauchst du freilich Geduld und einen langen Atem.

Um z. B. Groß- und Kleinschreibungfehler zu verringern, genügt es sicher nicht, ein- oder zweimal eine halbe Stunde zu trainieren.

Wenn du aber zum Beispiel zehn- oder fünfzehnmal zwanzig Minuten übst, wirst du sicher schon bald gewisse Leistungssteigerungen feststellen. Sprachliche Schwächen sind etwas sehr Hartnäckiges - entsprechend hartnäckig muss man sein um sie zu beseitigen.

Du darfst keinesfalls zu viel auf einmal üben! Zwölfmal zwanzig Minuten zu trainieren ist besser als zweimal zwei Stunden, auch wenn beide Male unter dem Strich vier Stunden Arbeitszeit herauskommen. Kurze Übungen erhalten die Arbeitsmoral, und sie er-

Lerntipps 127

möglichen dem Gehirn, das Wissen zu verarbeiten - bei zu langen Trainingszeiten schaltet dein Gehirn ab.

Du solltest die Übungen unbedingt schriftlich machen. Es heißt ja "Rechtschreibung" und nicht "Rechtredung"! Beim Schreiben prägst du dir nicht nur das Wortbild ein, die Schreibweise geht dir auch sozusagen ins Handgelenk über. Die Bewegung beim Schreiben wird nämlich genauso wie das Bild im Gehirn abgespeichert. Und wenn die Rechtschreibung auf zwei Wegen ins Gehirn geht, ist das umso besser!

Sollte dir freilich das Schreiben mit der Hand furchtbar auf die Nerven gehen - und bei Schülern mit Rechtschreibproblemen ist das oft der Fall -, dann gibt es einen Ausweg: Schreibe deine Übungen mit der Schreibmaschine oder am Computer. Das ist meistens viel motivierender. Bevor du mit deinen Rechtschreibübungen per Hand aufhörst, weil dir die Lust vergangen ist, ist es besser, auf den oben beschriebenen Lernvorteil zu verzichten. Vielleicht schreibst du auch nur die Wörter von Hand, die für dich besonders wichtig sind.

Konzentriere dich bei deinen Übungen immer eine Zeitlang auf nur **ein** Rechtschreibproblem - das ist ganz wichtig. Die Zeit für eine Übungseinheit sollte nie größer als zwanzig oder dreißig Minuten sein.

Wie soll ich üben?
Und wie komme ich zu Übungsmaterial?

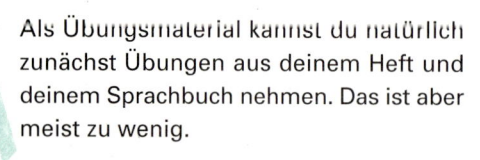

★ Als Übungsmaterial kannst du natürlich zunächst Übungen aus deinem Heft und deinem Sprachbuch nehmen. Das ist aber meist zu wenig.

★ Es gibt viele brauchbare Lernhilfen, also Übungsbücher, wie du gerade eines in der Hand hältst, zu den Themen Rechtschreibung oder Zeichensetzung. Darin findest du weiteres Material und vor allem auch Lösungen. Kaufe kein Buch, in dem keine Lösungen stehen! Du darfst dich dabei natürlich nicht selbst betrügen und während des Arbeitens ständig im Lösungsteil nachschauen.

★ Grundsätzlich sind Computerprogramme zur Rechtschreibung als zusätzliches Hilfsmittel durchaus geeignet. Sie können sogar dabei helfen, die Abneigung gegen Rechtschreibübungen gewaltig zu verringern. Man sollte sich aber vor dem Kauf das Programm ansehen und im Geschäft ausprobieren. Wenn der Händler nicht mitmacht, sollte man wieder gehen. Ein Programm ist nur geeignet, wenn man gezielt auf Fehlerschwerpunkte eingehen kann. Vielleicht kennt ein/e Deutschlehrer/in an deiner Schule ein taugliches Programm!

★ Witziges Übungsmaterial kann man auch selbst herstellen. Du übst beispielsweise die Schreibweise von s-Lauten. Suche dir eine Gruppe von zehn oder fünfzehn Wörtern zusammen (das reicht für eine Übungseinheit!) Versuche aus diesen Wörtern Unsinnsätze oder eine Unsinngeschichte herzustellen, also: *Unheimliche grasgrüne Wesen rasen zumeist auf riesigen Besen, bevor sie jämmerlich verwesen.* Dabei solltest du in **einem** Satz nur Wörter mit **einer** Schreibweise (bei dem Beispiel: nur mit s oder eben nur Wörter mit ss bzw. ß) verwenden. Das erleichtert dem Gedächtnis, sich die richtigen Schreibweisen zu merken. Das kann man auch als Spiel mit anderen betreiben – Sieger ist, wer den besten Unsinn verfasst hat. Diese Sätze schreibst du dann auf Karteikarten oder Blätter und lässt sie dir später wieder diktieren. Sie können auch gute Eselsbrücken oder Merksätze sein.

★ Um den Übungsgewinn zu verstärken, solltest du die Stelle im Wort farbig schreiben, um deren Rechtschreibung es geht, oder unterstreichen.

★ Wenn du dir etwas diktieren lässt, musst du danach alle Fehler ausbessern. Kümmere dich anschließend nur um die Stellen mit dem Rechtschreibproblem, das du gerade bearbeitest. Diese Fehler bekommen eine Sonderbehandlung (siehe "Zwei Tricks ...").

★ Solltest du besonders mit der Grammatik Probleme haben, dann gehst du zunächst von den Aufsätzen aus, in denen du Grammatikfehler gemacht hast. Auch hier konzentrierst du dich auf einen Fehlerbereich und verbesserst nur die Stellen zu diesem Fehlertyp, dann die zum nächsten usw. Sollte dir dein Fehler unklar sein, lass ihn dir erklären. Für bestimmte Fehlerbereiche gibt es Übungsbücher. Wende dich wegen einer Empfehlung am besten an deinen Lehrer/deine Lehrerin.

Unheimliche grasgrüne Wesen rasen zumeist auf riesigen Besen

Bei deinen Übungen solltest du unbedingt zwei Lerntricks ausnützen. Die findest du gleich nachher.

★ **Wenn die Fehlerzahl besonders riesig ist ...**

Solltest du immer schon sehr viele Rechtschreibfehler machen (auch so genannte "Flüchtigkeitsfehler"), kann es sein, dass bei dir eine "Rechtschreibschwäche" (Fachwort: Legasthenie) vorliegt. Dann hat dein innerer Computer eine Schwachstelle, die man durch ganz spezielle Übungen zwar deutlich verringern, aber nie ganz ausmerzen kann. (Legasthenie hat übrigens gar nichts mit Intelligenz zu tun! Es gab und gibt viele sehr kluge Leute, die Legastheniker waren bzw. sind!) Ohne gezielte Übungen werden die Probleme normalerweise immer größer und können sogar auf die Fremdsprache übergreifen.

Solltest du also unter dauerhaften und schweren Rechtschreibproblemen leiden, dann scheue dich nicht zu einer schulpsychologischen Beratungsstelle zu gehen. Die Leute dort kennen sich damit aus und helfen dir weiter!

FEHLER-CHECKLISTE FÜR DEUTSCHE SPRACH-PILOTEN

1. RECHTSCHREIBUNG

- ○ Groß- und Kleinschreibung
- ○ Zusammen- und Getrenntschreibung
- ○ Dehnung
  (a/ah/aa; e/eh; i/ie/ieh; o/oh/oo; u/uh)
- ○ Konsonantenschreibung:
  Verwechslung von
  - ➤ v/f
  - ➤ g/k
  - ➤ d/t
  - ➤ b/p
  - ➤ x/chs
  - ...
- ○ Schärfung/Doppelkonsonanten
  (wie bb, pp, mm, nn)
  s-Rechtschreibung (s/ss/ß)
  das/dass-Schreibung
- ○ Trennung
- ○ Buchstabenverdrehungen
- ○ fehlende Umlautstriche
  Verwechslung gleich und ähnlich klingender Wörter (z. B. mahlen/malen)
- ○ sonstige Fehler

2. ZEICHENSETZUNGSFEHLER

- ○ falsche oder fehlende Satzschlusszeichen (Punkt, Fragezeichen, Ausrufezeichen)
- ○ Satzzeichenfehler bei der direkten Rede
- ○ Kommafehler
  - ➤ fehlendes Komma zwischen Haupt- und Nebensätzen
  - ➤ fehlendes Komma bei Aufzählungen
  - ➤ sonstige Kommafehler
- ○ sonstige Zeichenfehler

3. GRAMMATIK

- ○ Endungsfehler
  (z. B. *dem großem Haus* statt *dem großen Haus*)
- ○ "Übereinstimmungsfehler"
  (Fachwort: Kongruenzfehler;
  z. B. *Der Mann und die Frau singt.* statt *Der Mann und die Frau singen.*)
- ○ Zeitenfehler
- ○ Fehler beim Gebrauch des Konjunktivs
- ○ Fehler bei der indirekten Rede
- ○ Bezugsfehler
- ○ Satzbaufehler
- ○ sonstige Fehler

Zwei weithin unbekannte Tricks im Kampf gegen Rechtschreibprobleme

Die Rechtschreibung zu trainieren ist eine anstrengende Sache. Man sollte sie sich nicht noch schwerer dadurch machen, dass man methodisch falsch vorgeht.
Nutze deshalb die folgenden Lerntricks!

Die Ähnlichkeitshemmung vermeiden

Ja, was ist denn das - Ähnlichkeitshemmung? Der Begriff stammt aus der Gedächtnispsychologie. Das Gehirn bzw. das Gedächtnis tut sich nämlich sehr schwer etwas getrennt abzuspeichern, wenn es zu ähnlich ist.

Lernt man z. B. zuerst Englisch-Vokabeln und dann danach gleich die Französisch-Wörter, dann braucht man viel länger, um sich die Vokabeln merken zu können. Meistens sitzen sie nicht so fest oder man kommt sogar durcheinander. (Ausnahme: Die wenigen Sprachgenies - die können machen, was sie wollen. Aber wer gehört schon dazu?)

Beim Erlernen und Üben der Rechtschreibung wird nun gerne und häufig der Fehler gemacht, dass man ähnliche Schreibweisen vergleichend gegenüberstellt.

Man legt z. B. eine lange Wortliste mit Wörtern an, die mit v beginnen, und eine andere mit Wörtern, die mit f beginnen.

Oft machen Schüler, die die Wörter zuvor richtig geschrieben haben, nun auf einmal Fehler; und die, die schon immer Probleme damit hatten, kommen jetzt noch mehr durcheinander.

Gerade wenn du also Rechtschreibprobleme hast, solltest du ein Rechtschreibkapitel immer für sich üben und erst nach einiger Zeit Vergleiche anstellen. Wer also Probleme mit der v- und f-Schreibung hat (oder mit der s-, ss- und ß-Schreibung), sollte eine Zeitlang nur Wörter mit dem einen Laut zu schreiben üben, dann einige Zeit nur Wörter mit dem anderen Laut und erst dann beginnen, bei Übungen die Wörter beider Gruppen miteinander zu vermischen.

Schreibe ja nicht, wie du sprichst,
sondern schreibe, was du weißt!

Eine unselige, oft falsche Rechtschreibregel ist immer noch weitverbreitet: "Schreibe, wie du sprichst." Dann müsste man beispielsweise "schprichst" schreiben; ein Franke würde dann "Budda" für "Butter" schreiben und ein Bayer "Buta" oder "Butta". Und für viele Rechtschreibprobleme (z. B. die Groß- und Kleinschreibung oder die Schreibung von langen Lauten) hilft die Regel ohnehin nichts.

Was passiert im Kopf, wenn man ein Wort schreibt? Man setzt es aus Teilen zusammen, deren Schreibung man sich eingeprägt hat. Und man bedenkt dabei gewisse Regeln, sofern es welche gibt und man sie wirklich begriffen hat. All das geschieht meist unbewusst und ganz schnell - wie in einem Computer.

Wenn du Fehler machst, dann sind die Worte bzw. die Wortteile unsauber abgespeichert und/oder du hast deinen Computer falsch programmiert, das heißt, du hast ihm falsche Regeln eingegeben - oder gar keine.

Wenn du nun ein Rechtschreibproblem in Angriff nimmst - und du darfst dich immer nur auf ein Problem konzentrieren -, musst du schauen, ob du es nicht mit Verstand, d. h. unter Anwendung von Regeln lösen kannst. Solche Regeln gibt es übrigens mehr, als man meint.

Ein Beispiel zum leidigen Thema "Schreibung von langen Lauten (Vokalen)":

Bei der deutschen Rechtschreibung gibt es die sogenannte "Wortfamilien-Regel". Wörter derselben Wortfamilie schreibt man normalerweise gleich. Wenn ein Wort im Stamm ein Dehnungs-h hat, kommt das Dehnungs-h auch bei allen verwandten Wörtern vor, sofern der Laut lang ist: "Einmal h - immer h", könnte man sagen. Beispiele: *wählen - Wahl - gewählt; Mehrheit - vermehren - mehr*. Umgekehrt gilt: "Einmal kein h - immer kein h": *Maler - malen - Gemälde; heben - erheblich - gehoben*. Es gibt nur eine kleine Hand voll Ausnahmen, z. B. *blühen/Blüte, ziehen/Zug*. Aber damit kann man leben.

Aber Vorsicht! Wenn der Laut im Wortstamm sich verkürzt, was im Deutschen öfters passiert, fällt das h natürlich weg – es ist ja keine Dehnung mehr da (Beispiel: *sehen* und *sieht*, aber *Sicht*; *(Getreide) mahlen*, aber *Müller*). Ob der Laut im Wortstamm kurz oder lang ist, überprüfst du im Zweifelsfall am besten durch lautes Aussprechen der Wörter.

Noch ein weiteres Beispiel aus dem Bereich der s-Rechtschreibung:

Für Wortfamilien gilt "einmal einfaches s - immer einfaches s": *rasen - der Raser - gerast; niesen - ich habe geniest - das Niesen*. Umgekehrt gilt: "Einmal ss oder ß - immer ss oder ß", wobei man nur aufpassen muss, dass dieser "scharfe" s-Laut manchmal als ss und manchmal als ß geschrieben wird - hierfür gibt'c aber wieder durchaus beherrschbare Regeln. Eine von ganz wenigen Ausnahmen: die Endsilbe -nis: *Hindernis*, aber *Hindernisse*.

Diese "einmal so - immer so"- Regeln helfen einem sehr bei dem Problem, ob man nun ein einfaches s oder ss/ß schreiben soll. In manchen Gegenden wird das durch die Aussprache erleichtert (stimmloses s, stimmhaftes s), aber in anderen (z. B. im ganzen süddeutschen Raum) kennen viele diese Unterscheidung nicht.

Quellenhinweise

Seite	Quelle
7, 114	„Über das Zerpflücken von Gedichten", Bert Brecht, aus: Gesammelte Werke, Band 19, Schriften zur Literatur und Kunst 2, Werkausgabe Suhrkamp Verlag, Frankfurt a. M. 1967, S. 392
8	„Ein bescheidener Vorschlag zum Schutze der Jugend vor den Erzeugnissen der Poesie", Hans-Magnus Enzensberger, zit. aus: Tintenfisch 11, Verlag Klaus Wagenbach, Berlin 1977, S. 58
10	„Raubritter", Georg Britting, zit. aus: Gedichtbuch, Deutsche Gedichte aus 12 Jahrhunderten für die Schule, Cornelsen Verlag, Bielefeld 1987, S. 294
10, 15	„Fröhlicher Regen", Georg Britting, zit. aus: Gedichtbuch (s. S. 10), S. 291/292
12	„Wolken, Wind und Wälder weit", Siegfried von Vegesack, zit. aus: Gedichtbuch (s. S. 10), S. 314
18	„Sprich aus der Ferne", Clemens Brentano, zit. aus: Lesebuch A11/Lyrik, Klett Verlag, Stuttgart 1973, S. 140
21	„Wünschelrute", Joseph von Eichendorff, zit. aus: Gedichtbuch (s. S. 10), S. 130
22	„Der Rauch", Bert Brecht, aus: (s. S. 7), Band 10, Gedichte 3, S. 1012
22	„Was ein Kind gesagt bekommt", Bert Brecht, aus: (s. S. 7), Band 9, Gedichte 2, S. 585
26	„Freies Geleit", Ingeborg Bachmann, aus: Gedichte, Erzählungen, Hörspiele, Essays, Piper Verlag, München 1984, Band 1, S. 161
34	„Das Zeitalter des Barock", H. Nürnberger, zit. aus: Geschichte der deutschen Literatur, bsv München 1992, S. 64 f
37	„Cherubinischer Wandersmann", Angelus Silesius, zit. aus: Gedichtbuch (s. S. 10), S. 43
37	„Es ist alles eitel", Andreas Gryphius, zit. aus: Barock-Gedichte, Hg. Herbert Heckmann, Verlag Klaus Wagenbach, Berlin 1976, S. 35
38	„Sonett 116", William Shakespeare, zit. aus: The English Sonnet, Hg. Peter Nocou, Verlag Ferdinand Schöningh, Paderborn 1979, S. 43
40	„Vanitas!", Andreas Gryphius, zit. aus: Barock-Gedichte (s. S.41), S. 42 f
41	„Beschreibung vollkommener Schönheit", Christoph Hofmann von Hofmannswaldau, zit. aus: Gedichtbuch (s. S. 10), S. 47
41	„Abend", Andreas Gryphius, zit. aus: Gedichtbuch (s. S. 10), S. 31
42	„Genie", Johann Caspar Lavater, zit. aus: Lesebuch 10. Schuljahr, Diesterweg Verlag, Frankfurt a. M. 1989, S. 155
44	„Der Fischer", Johann Wolfgang von Goethe, zit. aus: Deutsche Balladen, Goldmann Verlag, München 1961, S. 23
46	„Willkommen und Abschied", Johann Wolfgang von Goethe, aus: Goethes Werke, Hg. E. Trunz, C. H. Beck Verlag, München 1956
48	„Sonett 1", „Sonett 2", Ernst Jandl, aus: Serienfuß, Sammlung Luchterhand, Luchterhand Verlag, Darmstadt/Neuwied 1974, S. 14 f
49	„Strand mit Quallen", Günther Eich, zit. aus: Lesebuch (s. S. 18), S. 252;
51	„Frankfurt", Hans Kaspar, zit. aus: Nachrichten und Notizen, H. Goverts Verlag, Stuttgart 1957

Quellenhinweise 133

52	„Das Ende der Kunst", Reiner Kunze, zit. aus: Fabeln, Reclam Verlag, Stuttgart 1978, S. 49
53	(ohne Titel), Durs Grünbein, aus: Schädelbasislektion, Suhrkamp Verlag, Frankfurt a. M. 1995, S. 70
84	„Arbeiten, ja bitte – Das Jugendarbeitsschutzgesetz", Heidi-Ricarda Hoegen, zit. aus: Ich kann, ich darf, ich muß. Jugend und Recht, Beltz Verlag Weilheim/Basel 1985, S. 88 – 91
108	Arthur Schopenhauer, Fabeln, Parabeln und Gleichnisse, Hg. Reinhard Dithmar, Deutscher Taschenbuch Verlag, 1978; S. 257
110	„Olympia", Streiflicht (o.V.), zit. aus: Süddeutsche Zeitung vom 06.08.92
114	„Über das Zerpflücken von Gedichten", Bert Brecht, aus: (s. S. 7)
116	„Fernsehen", Federico Fellini, zit. aus: Tintenfass Nr. 20, S. 169, Diogenes Verlag, Zürich 1991
118	„Warum man den Motzki so richtig mögen muß", Konrad Weiß, zit. aus: Gong 7/93, Gong Verlag, Nürnberg 1993
124	„Olympia im TV" (o.V.), zit. aus: Abendzeitung vom 10.08.92.
54	**Kapitel 8 „Wichtige Begriffe"** liegen zu Grunde:

Ivo Braak: Poetik in Stichworten, Verlag Ferdinand Hirt, Kiel 1980.
Otto Brantel, Dieter Schäfer: Grundbegriffe der Literatur, Hirschgraben Verlag, Frankfurt a. M. 1986.

In einigen wenigen Fällen ist es uns trotz intensiver Bemühungen nicht gelungen, die Rechteinhaber zu ermitteln. Für entsprechende Hinweise sind wir dankbar.

Stichwortverzeichnis

Das Stichwortverzeichnis ist wie das Buch selbst in zwei Teile gegliedert:

A. Gedichtinterpretation und **B. Erörterung.** Innerhalb dieser beiden Teile findest du eine Reihe von Begriffen alphabetisch angeordnet; bei den Begriffen handelt es sich um Fachbegriffe, Arbeitstechniken und Hinweise zu Übungen, die du mit Hilfe des Registers ganz schnell finden kannst.

Halbfett gedruckte Begriffe stehen für Kapitel oder Teilkapitel.

Ein **f.** hinter der Seitenzahl bedeutet, dass du das Stichwort auf der angegebenen Seite und der darauf folgenden Seite findest; **ff.** weist auf mehrere folgende Seiten hin.

Gedichtinterpretation   Seite:

A

Aufbau eines Gedichtes	11 ff.
Aufbau der Interpretation	31 ff.

B

Balladen	43, 54
Barockgedichte	36 ff.
– Formen	36 ff.
– stilistische Besonderheiten	36 ff.
– Themen	39 ff.
Bildhaftes Sprechen	24
– Bild	24, 54
– Chiffre	24, 55
– Metapher	24, 55
– Vergleich	24

E

Enjambement	55, 25 f.
Epoche und Gedicht	33 ff.

F

Fachbegriffe für die Interpretation	54 ff.
Form und Inhalt verbinden	28 ff.

L

Lesen eines Gedichts	9 ff.
Literaturgeschichte	33 ff.
– Arbeiten mit einer Literaturgeschichte	34 ff.
– leicht benutzbare Literaturgeschichten	33
‚Lyrik' (Begriffsdefinition)	8 f.
Lyrische Sprache (Merkmale)	23 ff.

M

Metrum	16 ff., 56 f.
– Anapäst	18, 56
– Daktylus	18, 56
– Erkennen des Metrums	16 ff., 19
– Jambus	17, 56
– Trochäus	17, 56
– Übungen zum Metrum	21 f.
Moderne Gedichte	47 ff.
– Formen und Merkmale	48 ff.
– Naturgedichte	26 f., 49 f.
– zeitkritisches Gedicht	50 ff.

R

Reimschemata	13 ff., 57

S

Sonettformen 37 ff., 57
Sturm und Drang-Gedichte 42 ff.
– Ballade 43, 54
– Erlebnisgedicht 45 ff.

Z

Zeilenbrechung 25 f.
Zeilenende 19 f.

Erörterung

A

Aufschlüsseln des Themas 67 ff.
Argumentieren 89 ff.
– Aufbau eines Arguments 90 f.
– Fehler beim Argumentieren 91 ff.
– Übungen zum Argumentieren 94 ff.

E

Eingrenzung des Themas 67 ff.
Einleitung 82
‚Erörterung' (Begriffsdefinition) 59 ff.

F

Formen der Erörterung
    (Überblick) 62 ff.
– **Belegerörterung** 62 f.
– **dialektische Erörterung** 62
– **literarische Erörterung** 63 f.
– **Texterörterung** 63

G

Gliederung erstellen 77 ff.
– Gliederungsprinzipien 77 ff.
– Gliederungstypen 79 ff.

H

Hilfsfragen zur Erschließung
   des Themas 67 f.

K

Kommaregeln 121 ff.

M

Material finden 70

O

Oberpunkte
– formulieren 73 ff.
– sinnvoll anordnen 77 ff.
Ordnen der Stoffsammlung 71 ff.

R

Rechtschreibung 106

S

Schluss 82
Stilkunde 103 ff.
– Sachlichkeit 104
– Satzbau 104 ff.
Stoffsammlung 71 ff.

T

Texterörterung 63, 108
– Textsorten 119 f.
– Thesen erfassen 113 ff.
– Zeiteinteilung 87 f., 111
Themafrage 66 f.
Thementypen erkennen 64 ff.

U

Übungen zur Gliederung 82 ff.

V

Verknüpfen von Einleitung,
   Hauptteil und Schluss 100 ff.
Verknüpfen von Textteilen 97 ff.

Z

Zeiteinteilung
– Erörterung 87 f.
– Texterörterung 111

136   Stichwortverzeichnis

MENTOR LERN-HILFE

Band 520

Deutsch
8.–10. Klasse

Aufsatzschreiben 2

Gedichtinterpretation

Erörterung

Lösungsteil
(an der Perforation abtrennen)

Edda Presser

Mentor Verlag München

Lösungen Teil A

Fröhlicher Regen　　　　　　　　　　　　　　　　　　　　　Übung A1
　　　　　　　　　　　　　　　　　　　　　　　　　　　　　　　S. 10 f.
1　Wie der Regen tropft, / Regen tropft, /
　　An die Scheiben klopft! //
　　Jeder Strauch ist naß bezopft. //

　　Wie der Regen springt!
5　In den Blättern singt
　　Eine Silberuhr. //　　　　　　　　leiser und
　　Durch das Gras hinläuft,　　　　langsamer
　　Wie eine Schneckenspur,
　　Ein Streifen weiß beträuft. //

10　Das stürmische Wasser schießt
　　In die Regentonne,
　　Daß sie überfließt,　　　　　　　schneller
　　Und in breitem Schwall　　　　　lauter
　　Auf den Weg bekiest
15　Stürzt Fall um Fall. //

　　Und der Regenriese, /
　　Der Blauhimmelhasser,
　　Silbertropfenprasser,
　　Niesend faßt er in der Bäume Mähnen,
20　Lustvoll schnaubend in dem herrlich / vielen Wasser. //

　　Und er lacht mit fröhlich weißen Zähnen　　　langsamer
　　Und mit kugelrunden, nassen Freudentränen.

… ist in 5 Abschnitte … der erste 3, der zweite und dritte jeweils 6, der vierte 5　　Übung A 2a
und der letzte Abschnitt 2 Zeilen umfasst.　　　　　　　　　　　　　　　　　　　　S. 12

3 Strophen … 4 Zeilen　　　　　　　　　　　　　　　　　　　　　　　　　　　　　Übung A 2b
　　　　　　　　　　　　　　　　　　　　　　　　　　　　　　　　　　　　　　　S. 12

1. s. S. 13 f., 2. s. S. 14 f., 3. s. S. 16　　　　　　　　　　　　　　　　　　　　Übung A 3
　　　　　　　　　　　　　　　　　　　　　　　　　　　　　　　　　　　　　　　S. 15

Wolken, Wind und Wälder weit　　　　　　　　　　　　　　　　　　　　　　　Übung A 4
　　　　　　　　　　　　　　　　　　　　　　　　　　　　　　　　　　　　　　　S. 16
Wolken, Wind und Wälder weit,　　a
Heimat ohne Grenzen.　　　　　　　b
Rund wölbt sich die Ewigkeit,　　　a
Wenn die Sterne glänzen.　　　　　b

Wolken sind mein Traumgefild,　　c
Wind und Sturm – Genossen,　　　d
Wälder – Heimat, Urgebild,　　　　c
dem ich einst entsprossen.　　　　d

Rund wölbt sich die Ewigkeit,　　a
wenn die Sterne glänzen.　　　　　b
Wolken, Wind und Wälder weit　　a
Heimat ohne Grenzen.　　　　　　　b

Lösungen　139

Fortsetzung Übung A4

Raubritter

Zwischen Kraut und grünen Stangen	a
Jungen Schilfes steht der Hecht,	b
Mit Unholdsaugen im Kopf, dem langen,	a
Der Herr der Fische und Wasserschlangen,	a
Mit Kiefern gewaltig wie Eisenzangen,	a
Gestachelt die Flossen: Raubtiergeschlecht.	b
Unbeweglich, uralt, aus Metall,	c
Grünspanig von tausend Jahren.	d
Ein Steinwurf! Wassrspritzen und Schwall:	c
Er ist blitzend davongefahren.	d
Butterblume, Sumpfdotterblume, feurig, gelblich, rot,	e
Schaukelt auf den Wasserringen wie ein Seeräuberboot.	e

Wolken, Wind und Wälder weit:

Das Gedicht von Siegfried von Vegesack enthält vorwiegend reine Endreime (Ausnahme: b/b, Zeilen 2/4, 10/12) nach dem Schema: a b a b / c d c d / a b a b. Es handelt sich durchweg um Kreuzreime, wobei die dritte Strophe den Reim der ersten wiederholt; das Gedicht wirkt dadurch besonders geschlossen. Regelmäßig sind auch die Zeilenenden angelegt: Jeweils die erste und dritte Zeile enden männlich, die zweite und vierte weiblich.

Raubritter:

Das vorliegende Gedicht weist reine Endreime auf, die folgendes Schema bilden: a b a a a b / c d c d / e e; im ersten Abschnitt erkennen wir einen umarmenden Reim, der zweite Abschnitt enthält einen Kreuz- und der dritte einen Paarreim. Diese Reimverteilung lässt die einzelnen Abschnitte zu festen Einheiten werden. Die Zeilen 2, 6, 7, 9, 11 und 12 enden männlich, d. h. stumpf, die restlichen weiblich oder klingend.

Übung A 5
S. 21f.

Beispiel 1: Wünschelrute

Schläft ein Lied in allen Dingen,	w
Die da träumen fort und fort,	m
Und die Welt hebt an zu singen,	w
Triffst du nur das Zauberwort.	m

In dem Gedicht „Wünschelrute" verwendet Eichendorff vierhebige, alternierende Trochäen.

Die Zeilen enden abwechselnd weiblich und männlich (w, m, w, m).

Beispiel 2: Der Rauch

Das Gedicht „Der Rauch" lässt kein Metrum erkennen; Bertolt Brecht hat freie Rhythmen verwendet. Der Text wirkt dadurch wirklichkeitsnah; die Form ist der einfachen Aussage angepasst.

Beispiel 3: Was ein Kind gesagt bekommt

Der liebe Gott sieht alles.   w
Man spart für den Fall des Falles.   w
Die werden nichts, die nichts taugen.   w
Schmökern ist schlecht für die Augen ...   w
Kartoffeln sind gesund.   m
Ein Kind hält den Mund.   m

Dieser Gedichtausschnitt enthält ein unregelmäßiges Metrum nach folgendem Schema:

1. Z.: ◡́/◡́/◡́/◡   3-hebiger Jambus / ausklingende Silbe
2. Z.: ◡́/◡◡́/◡́/◡   1 Jambus / 1 Anapäst / 1 Jambus / ausklingende Silbe
3. Z.: ◡́/◡́/◡◡́/◡   2 Jamben / 1 Anapäst / ausklingende Silbe
4. Z.: ́◡◡/́◡◡/́◡   2 Daktylen / 1 Trochäus
5. Z.: ◡́/◡́/◡́/   3 Jamben
6. Z.: ◡́/́/◡́/   1 Jambus / 1 allein stehende Hebung / 1 Jambus

Die relativ einfachen Aussagen des Gedichtes stehen in einem seltsamen Gegensatz zu den vielfältigen Taktarten.
(Sei nicht traurig, wenn du das nicht herausgefunden hast! So schwer wird es in Schulaufgaben selten!)

Das vorliegende Gedicht „Wünschelrute" von J. v. Eichendorff besteht nur aus vier Zeilen, die folgendes Reimschema enthalten: abab (also Kreuzreim). Der Text weist ein alternierendes Metrum auf; es handelt sich um vierhebige Trochäen, die den vier Zeilen eine gewisse Feierlichkeit verleihen. Die Zeilen enden abwechselnd weiblich und männlich (w, m, w, m).

Übung A 6
S. 22

     Zu 3.

     Mit uns <u>will</u> sie die <u>bunten Brüder</u> ⌣ E
     und die <u>grauen Schwestern</u> erwachen sehn,
15   den König Fisch, die Hoheit Nachtigall
     und den Feuerfürsten Salamander.

J   Für uns <u>pflanzt sie</u> die Korallen ins Meer.
     Wäldern <u>befiehlt sie Ruhe zu halten</u>,
     dem Marmor die schöne Ader zu schwellen,
20   noch einmal dem Tau, über die Asche zu gehn.

     Die Erde <u>will</u> ein freies Geleit ins All ⌣ E
J   jeden Tag aus der Nacht haben,
     daß noch tausend und ein Morgen wird
     von der alten Schönheit jungen Gnaden.

Übung A 7
S. 26

     Bildhaftigkeit   ⌢
     Metapher
     Personifikation   ___
     Inversion   J
     Enjambement   E

Fortsetzung Übung A7

Was hat dir die größte Schwierigkeit bereitet? Etwa die Metapher? – Es ist nicht schlimm, wenn du z. B. bei „freies Geleit ins All" statt Metapher ‚bildhafter Ausdruck' gesagt hast – im weitesten Sinn des Wortes ist auch die Metapher ein Bild.

Übung A 8
S. 28

In **Strophe 3** erfahren wir, was die Erde nicht will: Sie will keine Atomkraft (Rauchpilz), keine verstoßenen Geschöpfe, keine Schädigungen der Natur; sie möchte vielmehr, wie **Strophe 4** zum Ausdruck bringt, alle Geschöpfe fröhlich sehen; Ingeborg Bachmann nennt stellvertretend Fisch, Vogel, Kriechtier.

Die **Strophe 5** beinhaltet Tätigkeiten der Erde: Sie sorgt für Schönheit (Korallen, Marmor) und Kühle (Tau).

Die **letzte Strophe** ist eine Art Ausblick: Die Erde möchte noch lange schön und jung und von uns unbeschädigt bleiben. Wir müssen ihre Existenz erhalten („freies Geleit").

Übung A 9
S. 30

Interpretation:
In der zweiten Strophe treten die drei Elemente Wasser (Z. 5), Erde (Z. 6) und Luft (Z. 8) auf; sie sind wie der Tag in der ersten Strophe personifiziert und wirken dadurch lebendig und aktiv: Die Flüsse „wallen", das Land gibt Versprechen ab, der Luft wird ein „Liebesversprechen" in den „Mund" gelegt. Alle drei Elemente sind mit positiven Adjektiven bedacht („groß", „rein", „frisch"); dies soll zeigen, wie schön die Natur sein kann, wenn sie unverdorben ist. Erde, Wasser und Luft verhalten sich wie verliebte Menschen, die sich nur Gutes antun wollen (Liebesversprechen, Blumen). Die Inversion (Z. 6/7) betont den Begriff „Liebesversprechen".

Übung A 10
S. 30

Interpretation:
In der fünften Strophe stellt die Autorin dar, was die Natur alles zu leisten vermag: Sie schafft die schöne Koralle (Personifikation), die majestätischen, schweigenden Wälder; sie befiehlt dem edlen Marmor, schön zu sein (Zeile 19). Hier verwendet I. Bachmann eine auffallende Metapher: „die schöne Ader zu schwellen". Vom Tau verlangt die Erde, noch einmal über die Asche zu gehen; damit spricht die Autorin vielleicht die heilenden Kräfte der Natur an, die Geschädigtes (Asche = Verbranntes) heilen kann.

Die letzte Strophe greift sowohl die Überschrift als auch den Strophenbeginn („Die Erde will") wieder auf (siehe Zeilen 9 und 13); sie integriert dadurch das bisher Gesagte. Die Erde will und muss unseren Schutz haben („freies Geleit"), damit sie weiter existieren kann. Das Mittel der Wiederholung macht die Forderung nachdrücklich. Feierlich wirken diese Zeilen durch den Kontrast (Tag / Nacht) und die Inversion (Z. 22 – 24). Das Gedicht endet mit einem Ausblick auf die Zukunft: „Tausend und ein(en) Morgen" kann die Erde in ihrer Schönheit noch erleben; sie kann also noch unbegrenzt Bestand haben (man denke an 1001 Nacht!) – wir müssen ihr das nur ermöglichen, wir müssen ihr gnädig sein (Z. 24).

Übung A 11
S. 35

1. Das Barock folgt auf die Epoche der Renaissance; nach ihm beginnt die Zeit der Aufklärung.
2. Dem Begriff ‚Barock' liegt das spanische Wort ‚barocco' zu Grunde („schiefrunde Perle"); es bezieht sich zunächst auf die schnörkelhaften, üppigen Formen der Baukunst.
3. Das Barock, die barocke Kunst, ist von Spannungen gekennzeichnet; dem Schwanken zwischen Lebenslust und Todesangst, Frömmigkeit und Verzweiflung. Der barocke Mensch entwickelt einerseits ein starkes Selbstwertgefühl, andererseits plagen ihn Skrupel und Ängste. Er lebt im Bewusstsein der Vergänglichkeit.

1. In dem vorliegenden Gedicht spricht ein gesellschaftliches Ich; es geht um die Vergänglichkeit des irdischen Lebens. Das Gedicht enthält aber auch die Bitte an Gott, dem Menschen auf Erden Hilfe zu gewähren und ihn nach dem Tod in sein Reich aufzunehmen.

Übung A12
S. 42

2. **Abend**

   1 Der schnelle Tag ist hin; die Nacht schwingt ihre Fahn   a
      Und führt die Sternen auf. Der Menschen müde Scharen   b
      Verlassen Feld und Werk, wo Tier und Vögel waren,   b
      Traurt itzt die Einsamkeit. Wie ist die Zeit vertan!   a

   5 Der Port naht mehr und mehr sich zu der Glieder Kahn.   a
      Gleich wie dies Licht verfiel, so wird in wenig Jahren   b
      Ich, du, und man hat, und was man sieht, hinfahren.   b   Reihung
      Die Leben kömmt mir vor als eine Rennebahn.   a

      Laß, höchster Gott, mich doch nicht auf dem Laufplatz gleiten! c
   10 Laß mich nicht Ach, nicht Pracht, nicht Lust, nicht Angst verleiten!   Reihung
      Dein ewig heller Glanz sei vor und neben mir!   d

      Laß, wenn der müde Leib entschläft, die Seele wachen,   e
      Und wenn der letzte Tag wird mit mir Abend machen,   e
   14 So reiß mich aus dem Tal der Finsternis zu dir!   d

   Bilder: „Der schnelle Tag" (Z. 1), „auf dem Laufplatz" (Z. 9) = _____
   Personifikationen: Z. 1/2; Z. 4; Z. 12 („Seele wachen") = ~~
   Metaphern: „Der Port ... zu der Glieder Kahn", Z. 5 (= der Tod nähert sich dem Leib, dem Leben); „Und wenn der letzte Tag wird mit mir Abend machen", Z. 13 (wenn der Tod mein Leben beenden wird);
   „Tal der Finsternis" (= Erde), Z. 14 =
   Vergleich: Z. 6/8 und Z. 8 = ~
   Anapher: Z. 9, 10 und 12 („Laß")
   Enjambements: Z. 1/2; 2/3; 6/7
   Satzbau: relativ kurze, überschaubare Sätze, die meist am Zeilenende enden; auffällig sind die zahlreichen Ausrufesätze, die die Aussagen und Bitten unterstreichen: Z. 4; 9; 10; 11 und 14.
   Das Gedicht ist ein Sonett mit zwei Quartetten und zwei Terzetten. Sein Versmaß ist der Alexandriner (pro Zeile sechshebige Jamben mit einer Zäsur nach der dritten Hebung). Das Endreimschema lautet: a b b a / a b b a / c c d / e e d; es liegt also ein Ronsard-Typ des Sonetts vor (vergleiche dazu S. 57, Kap. 8, „Wichtige Begriffe"). Die Zeilen mit dem a- und d-Reim enden stumpf, die anderen klingend.

3. Hast du die wichtigsten Stilmittel erkannt? Gut – dann hast du auch sicher herausgefunden, dass der Text wenige Adjektive aufweist. Vom Satzbau her gesehen fallen die vielen Ausrufesätze auf (Z. 4; Z. 9 – 11; Z. 14), die das Gedicht heftig und eindringlich machen. – Dreimal beginnt eine Zeile mit ‚Laß', auch dadurch entsteht eine gewisse Nachdrücklichkeit. Man nennt dieses Stilmittel **Anapher** (siehe „Wichtige Begriffe", S. 54). Die im Barock beliebte **Aneinanderreihung** von Begriffen findest du hier auch (siehe Z. 7 und 10). Kontraste werden gesetzt in Z. 1 (Tag/Nacht), Z. 2/4 (Scharen/Einsamkeit), Z. 12 (Leib/Seele), Z. 13 (Tag/Abend).

Lösungen

Fortsetzung Übung A 12

4. Einige stichpunktartige **Hinweise** zur Sinnrichtung des gesamten Gedichts:

1. Quartett: Schilderung des Tagesendes / müde Menschen verlassen nach schwerer Arbeit die Felder / Leere / der Abend führt wie ein Feldherr die Sterne an / Klage, dass trotz der schweren Arbeit der Tag nicht sinnvoll verbracht wurde, weil nichts für die Seele getan wurde.

2. Quartett: Die Aussage der ersten Strophe wird verallgemeinert auf das ganze Leben des Menschen; schnell kommt der Tod (Z. 5), die Menschen rennen wie betäubt und besessen ihrem Ende zu (Z. 9); betont wird, dass alles und jeder vergeht (Reihung, Z. 7).

1. und 2. Terzett: Die Terzette wirken wie Gebete; Gott möge Hilfe und Erleuchtung schenken, damit aller Ablenkung zum Trotz der Sinn des Lebens, nämlich das Leben der Seele, im Jenseits nicht verloren geht. Das Gedicht endet mit der Vorstellung vom Tod des Leibes (Z. 12), aber nicht der Seele; sie soll von Gott gerettet werden.

Interpretation des 1. Quartetts:
Im ersten Quartett schildert Gryphius das Ende eines Tages, der schnell vergangen ist. Wie ein Heerführer (Z. 2., Personifikation und Bild) lässt die Nacht die Sterne am Himmel aufziehen. Die Menschen, die auf dem Feld gearbeitet haben, gehen nach Hause, auch die Tiere haben das Feld verlassen, das öd und leer daliegt. Der Autor verdeutlicht diese Öde, indem er die Einsamkeit als eine trauernde Person darstellt. Das Quartett schließt mit dem klagenden, anklagenden Satz: ‚Wie ist die Zeit vertan!'. Er drückt aus, dass der Sprecher im Gedicht das menschliche Werk, das irdische Trachten und Streben für vergeblich, ja sogar für Zeitverschwendung hält. Von diesem konkreten Tagesende wendet sich der Autor im nächsten Quartett ab, hier geht es um das ganze menschliche Leben, das er ...

Sieht deine Interpretation so ähnlich aus? Hast du noch Schwierigkeiten mit der Verbindung von Inhalt und Form? Bedenke dann noch einmal den Grundsatz: Formale Beobachtungen haben nur dann einen Sinn, wenn du sie verwenden kannst für die Entschlüsselung des Inhalts.

Übung A 13
S. 45

1. **Der Fischer**

1	Das Wasser rauscht', das Wasser schwoll,	a
	Ein Fischer saß daran,	b
	Sah nach der Angel ruhevoll,	a
	Kühl bis ans Herz hinan.	b
5	Und wie er sitzt und wie er lauscht,	c
	Teilt sich die Flut empor;	d
	Aus dem bewegten Wasser rauscht E	c
	Ein feuchtes Weib hervor.	d
	Sie sang zu ihm, sie sprach zu ihm:	e
10	Was lockst du meine Brut E	f
	Mit Menschenwitz und Menschenlist E	g
	Hinauf in Todesglut?	f

Ach wüßtest du wie's Fischlein ist ⌣E	g
So wohlig auf dem Grund,	h
15 Du stiegst herunter, wie du bist,	g
Und würdest erst gesund.	h
Labt sich die liebe Sonne nicht,	i
Der Mond sich nicht im Meer?	k
Kehrt wellenatmend ihr Gesicht ⌣E	i
20 Nicht doppelt schöner her?	k
Lockt dich der tiefe Himmel nicht,	i
Das feuchtverklärte Blau?	l
Lockt dich dein eigen Angesicht ⌣E	i
Nicht her in ewgen Tau?	l
25 Das Wasser rauscht', das Wasser schwoll,	a
Netzt' ihm den nackten Fuß;	m
Sein Herz wuchs ihm so sehnsuchtsvoll,	a
Wie bei der Liebsten Gruß.	m
Sie sprach zu ihm, sie sang zu ihm;	e
30 Da war's um ihn geschehn:	n
Halb zog sie ihn, halb sank er hin, ⌣E	e
Und ward nicht mehr gesehn.	n

2. Folgende **formale Gestaltungsmittel** sind an dem Text erkennbar:

Lautmalerei: „rauscht"/„schwoll" (Z. 1/25); „Wasser" (Z. 1/7/25); Zischlaute: „Menschenwitz"/„Menschenlist" (Z. 11)
Alliteration: s-Laute: „saß"/„sah"/„sitzt"/„sang"/„sprach"... w-Laute: Z. 13/14/16 u. a.
Lautmalerei und Alliteration machen einen Text lebendig, lassen ihn klingen.
Wiederholungen: Anders als in Schüleraufsätzen, in denen die Wiederholung meist eine Verlegenheitslösung ist, setzt der Dichter Wiederholungen bewusst ein: Er will damit Nachdruck erzeugen, Wichtiges hervorheben, oft auch eine Art ‚roten Faden' durch den Text ziehen. In unserem Text werden sogar zwei Zeilen ganz wiederholt: Zeile 1 und 25 unverändert, Z. 9 und 29 umgestellt (hier steht das Singen, das den Fischer betört, am Ende der Zeile).
Wortwiederholungen: Z 21/23 und das fünfmalige ‚nicht' (Z. 17/18/20/21/24); sie sind alle in dem Abschnitt zu finden, in dem die unwiderstehliche Verlockung zum Ausdruck kommt.
Keine reine Wiederholung, aber eine Verdoppelung durch gleiche Struktur des Satzbaus findet sich bei folgenden Stellen: „Das Wasser rauscht, das Wasser schwoll" (Z. 1 und 25); „Sie sprach zu ihm, sie sang zu ihm " (Z. 9 und 29); „Und wie er sitzt und wie er lauscht" (Z. 5); „Halb zog sie ihn, halb sank er hin" (Z. 31).
Anaphern: Z. 20/24 („nicht"); Z. 21/23 („lockt"); Z. 31 („halb"); sie betonen die Aussagen der jeweiligen Stellen.
Adjektive sind zahlreich im Text vertreten; sie werden dazu eingesetzt, Kontraste zu verdeutlichen, z. B. „ruhevoll"/„sehnsuchtsvoll" (Z. 3/27); manche sind betont positiv und ungewöhnlich (vor allem im 4. Abschnitt, in dem die Schönheit der Tiefe verlockend dargestellt wird): „liebe"/„wellenatmend"/„schöner"/„feuchtverklärt"/„ewgen" (Z.17/19/20/22/24).
Enjambements machen den Text fließend wie das Wasser: Z. 10/11; 11/12; 13/14; 19/20 ...

Fortsetzung Übung A 13

3. Das Gedicht handelt von einem Fischer, der sich von einer ihn magisch beeinflussenden Meerjungfrau dazu verführen lässt, seine Arbeit und das Leben über Wasser aufzugeben und ihr Leben unter Wasser zu teilen; sein Schicksal bleibt im Ungewissen.

4. **Hinweise zur Interpretation**

Abschnitt 1: Der Autor eröffnet das Gedicht mit vier Zeilen, in denen eine an sich nicht ungewöhnliche Situation dargestellt ist: Ein Fischer, mit sich und seiner Arbeit im Einklang, sitzt am Wasser und wartet auf einen Fang. Das Rauschen des Wassers ist für ihn alltäglich, jedoch deutet sein Anschwellen bereits Bedrohung an. Zeile 5 enthält ein Element der Ruhe (der Fischer „sitzt") und eines der Unruhe (er „lauscht"). Dramatisch ist dann der Auftritt des unbekannten Wesens geschildert: Das Wasser bewegt sich, es teilt sich, ein „feuchtes Weib" „rauscht" aus ihm „hervor"; wobei „hervorrauschen" nicht nur eine Wortneuschöpfung ist, sondern Bewegung und Klang miteinander verbindet. Das Wesen ist nur durch das Adjektiv „feucht" gekennzeichnet, keine schmückenden Einzelheiten verdeutlichen die Gestalt. Auch des Fischers Reaktion bleibt unausgesprochen.

Abschnitte 2/3/4: Als Meerjungfrau erweist sich das Wesen erst in den nächsten Abschnitten („meine Brut", Z. 10, Z. 13), in denen es sich singend (betörend) und sprechend (argumentierend) an den Fischer wendet. Zugleich mit der wörtlichen Rede wechselt die Betrachterperspektive – Menschenwelt und Wasserwelt werden mit den Augen der Meerjungfrau gesehen. Sie klagt zunächst den Fischer an, dass er Witz (= Verstand) und List verwende, um ihre Kinder, die Fischlein, in die tödliche Sonnenglut hinaufzulocken (hier finden sich dunkle Vokale und Zischlaute!). Dann malt sie in leuchtenden Farben und mit verlockenden Worten ein Bild von der Schönheit des Wassers (hier müsstest du auf die Stilmittel der Wiederholung, die positiven Adjektive und suggestiven Fragen hinweisen): Sie stellt dar, dass man sich im Wasser wohlfühlen (Z. 13/14), in ihm gesunden (Z. 16), es genießen und sich in ihm spiegeln kann (Z. 17–20, 23/24); dass man vom Wasser aus den Himmel in einer verlockenden Perspektive sieht (Z. 21/22). Die positiv besetzten Adjektive und Wortneuschöpfungen wie „wellenatmend", „feuchtverklärt" verstärken die Nachdrücklichkeit, die in einer Metapher endet: Das Wasser wird als ewiger Tau bezeichnet, also als etwas Erquickendes, das zugleich unvergänglich ist.

Abschnitt 5: Der nächste Abschnitt beginnt überraschend indem er weder den Fischer sofort zu Wort kommen lässt noch seine Reaktion schildert. Der Autor wiederholt vielmehr die erste Zeile der Ballade: Das Wasser tritt dadurch in den Vordergrund, es berührt den Fischer schmeichelnd (Z. 26). Erst in den nächsten beiden Zeilen erfährt der Leser, was die Verlockung bewirkt. In einem Vergleich (Z. 28) stellt der Autor die Faszination dar; das anschwellende Herz verdeutlicht, dass Worte und Töne des Wasserwesens den Fischer im Innersten berühren. Die umgestellte Aussage der Zeile 9 wirkt wie ein letzter Anstoß. Des Fischers Ruhe und seine Vernunft sind betäubt (Z. 30), die Meerjungfrau muss keine Gewalt anwenden, keinen Widerstand brechen – der Fischer ist für die Menschenwelt verloren, für die Welt der Meerjungfrau ‚gewonnen'. Des Fischers Wollen und Nichtwollen sind in Zeile 31 sehr schön dargestellt: – nicht umsonst ist diese Zeile zu einem geflügelten Wort geworden.

2. **Aufbau:** Das Gedicht baut sich aus 4 mal 8 Zeilen auf; Regelmäßigkeit zeigt auch das Reimschema: a b a b c d c d / e f e f g h g h / i k i k l m l m / n o n o p q p q. – Die 1., 3., 5., 7. Zeile jeder Strophe endet klingend, die 2., 4., 6. stumpf.

Übung A 14
S. 47

Metrum: Es handelt sich um einen vierhebigen alternierenden Jambus.

Satzbau: vorwiegend kurze Sätze; vier Ausrufesätze (Z. 1, 25, 28, 32) zeugen von starker innerer Beteiligung des lyrischen Ichs. Etwas längere, fließende Sätze in Strophe 3, der Begegnung mit der Geliebten.

Stilmittel:
lebendige, zum Teil heftige Sprache, erzeugt durch:
– direkte **Vergleiche** (Z. 2/Z. 6), indirekte **Vergleiche** (Z. 15/Z. 21)
– **Personifikationen** der Natur (Z. 3/Z. 5 – 6/7 – 8/9 – 10)
– **ausdrucksstarke Adjektive:**
   Natur: getürmt, schwarz (Z. 7) schläfrig (Z. 10), leise (Z. 11)
   Geliebte: mild (Z. 17), süß (Z. 18), rosenfarben (Z. 21), lieblich (Z. 22)
– **Übertreibung:** getürmter Riese (Z. 6), hundert schwarze Augen (Z. 8), tausend Ungeheuer (Z. 13)
– **Wiederholungen:** Götter (Z. 23/32); sah (Z 29/30); Glück (Z. 29/30)
– **Hervorhebung des Ich:** Z. 1/15/16/17 – 19/22 – 24/29

3. In dem vorliegenden Gedicht geht es um den abendlichen Ritt eines Liebenden zu seiner Geliebten. Unterwegs wird das lyrische Ich durch die unheimliche Natur in seinem Innersten aufgewühlt (Strophe 1/2). Dann stehen sich die Geliebten gegenüber und verspüren ihre Zuneigung (Strophe 3). Trotz des schmerzhaften Abschieds von der Geliebten sieht das Ich in der Liebe das höchste Glück.

4. Der Text beginnt mit einer Verszeile, die zwei kurze, heftige Sätze enthält. Sie vermittelt die Erregung des Liebenden, den es zu seiner Geliebten drängt. Der kriegerische Vergleich „wie ein Held zur Schlacht" kontrastiert mit den ‚sanften' Bildern der Natur: Der Abend wiegt die Erde wie ein Kind in den Schlaf; die Nacht ist schon erkennbar (Z. 4). In den folgenden Zeilen (5 – 13) nimmt die Natur, die das Ich reitend durchquert, bedrohliche Züge an. Eine Eiche stellt sich ihm in den Weg, er empfindet sie wie ein bedrohliches unbekanntes Wesen (Z. 5/6). Er glaubt sich beobachtet von vielen Gestalten, die die Dunkelheit verbirgt (Personifikation und Übertreibung – die Finsternis schaut/hundert schwarze Augen – wirken hier verstärkend, ebenso der Vergleich, Z. 6). Auch Mond und Wind, obwohl nicht direkt bedrohlich dargestellt, wirken auf den Eilenden unheimlich (siehe S-Laute, Z. 11/12, und negative Adjektive, z. B. „schauerlich"). Tausend vermeintliche Ungeheuer lauern im Dunkeln. Der Liebende nimmt all dies wahr, lässt es auf sich einwirken und ... schüttelt es von sich ab. Zeile 14 beginnt mit einer Konjunktion des Gegensatzes („doch"). Sie leitet den Leser ins Innere des Liebenden; die Natur ficht ihn nun nicht mehr an; sein Mut, seine Gedanken, seine Gefühle (Z. 14/15/16) sind stärker als die Angst; er brennt vor Liebe (siehe dazu die Bilder Geist – Feuer; Herz – Glut). In der dritten Strophe findet die Begegnung mit der Geliebten statt. Es fällt auf, dass hier die Bilder und Vergleiche in den Hintergrund und die Personen in den Vordergrund treten (Personalpronomen und Possessivpronomen: ich/dich (Z. 17), mich (Z. 18), mein/deiner (Z. 19), dich (Z. 20), mich (Z. 23), ich (Z. 24). Das Ich erlebt hier die enge Beziehung zu seinem Gegenüber; von dem Mädchen erfährt es „milde Freude", einen „süßen Blick" (Z. 17/18), zarte Gefühle (ausgedrückt durch ein ungewöhnliches Bild: „rosenfarbes Frühlingswetter") und Zärtlichkeit (Z. 23). Das Ich wiederum betont die Nähe und die Ausschließlichkeit seiner Gefühle („jeder Atemzug", „ganz war mein Herz" (Z. 19)). – Der Übergang zur nächsten Strophe fehlt; fast überraschend wird vom Abschied (am Anfang von Zeile 25) gesprochen. Er steht kontrastiv zum Inhalt der vorhergehenden Strophe: Zwei negative Adjektive ver-

Fortsetzung Übung A 14

mitteln die Stimmung; „bedrängt" ist sie und „trübe". Die Abschiedsküsse lösen zwar noch einmal „Wonne" aus, aber auch „Schmerz". Die Heftigkeit wird durch zwei Ausrufesätze (Z. 25/28) und die Wiederholungen („wie", „welche", Z. 25) verstärkend betont. Kontrast und Nachdruck kennzeichnen die beiden nächsten Zeilen. Während die Geliebte geht, steht das lyrische Ich und sieht ihr nach, hilflos, regungslos. Die beiden letzten Zeilen – eingeleitet von einem trotzigen „und doch" – lösen sich von der Perspektive des lyrischen Ichs und seinen Gefühlen in diesem Augenblick. Sie enthalten eine allgemeine Aussage über das Wesen der Liebe: Sie bringt das höchste Glück (fast ein göttliches!), sei es, dass man geliebt wird (Passivform), oder dass man selbst liebt (Aktiv).

5. – Bewegte Sprache (siehe oben 2.)/ lebendiger, wechselnder Rhythmus
   – Ineinanderblendung von Natur und Gefühlen; Gleichzeitigkeit von Außen und Innen
   – individuelles Ich; es steht zur Heftigkeit seiner Gefühle, es lebt aus; Freude und Schmerz werden bejaht.

Übung A 15
S. 49

2. Zu diesem Punkt gibt es hier keine Lösung.

3. **Aufbau:** drei Abschnitte, unregelmäßig lang (7, 4, 3 Zeilen), zum Ende hin kürzer werdend; kein Reim, kein Metrum, also freie Rhythmen.
   Stilmittel: sehr viele Bilder und Metaphern, zum Teil schwer deutbar (Z. 1, „Sterntaler", „Meertaler"; Z. 2, „Schmiede des Wasser"; weiterhin Z. 3, 6, 8); Wortspiel Z. 1.
   Syntax (= Satzbau): Auffällig die Inversionen (Z. 5, Z. 8), die die Adjektive „undeutbar", „verborgen" hervorheben; einfache Sprachstruktur: Z. 12 – 14; unvollständige Sätze: Z. 1 – 7.
   Lautmalerei: S-Laute, Z. 4, drücken Kälte aus.

4. Die Überschrift bietet dem Leser Hilfestellung für das Verständnis des schwierigen Textes: Offensichtlich wandert jemand einen einsamen Strand entlang und sieht die gestrandeten Quallen. Dieser Jemand tritt nicht als lyrisches Ich im Gedicht auf, wir können ihn nur erahnen.
   Im ersten Abschnitt (1 – 7) werden die Quallen ‚beschrieben': Sie wirken rätselhaft, wie im Märchen vom Himmel gefallen („Sterntaler"); mit dem Begriff Sterntaler spielend kommt der Autor auf den Begriff „Meertaler"; vom Taler ausgehend assoziieren die nächsten beiden Zeilen die „Münzschmiede", in der die Taler (die Quallen) entstanden sind: in der Schmiede des Wassers unter dem Befehl der Wasserkönige. Diese Metapher drückt die Kraft des Wasser aus; die nicht mehr verehrten Wasserkönige könnten für Poseidon und andere Wassergeister stehen, deren ‚Produkt', die Quallen sind. Diese Wassermächtigen sind heute aus der Mode gekommen. Die Zeilen 4 – 7 offenbaren einen genauen Blick auf die Quallen: Silbern sind sie, erstarrt, undeutlich, rötlich durchschimmernd, hieroglyphisch (= geheimnisvoll, undeutbar). Die Fülle der Adjektive in so wenigen Zeilen ist überwältigend; das Geheimnisvolle des hilflos daliegenden Wesens wird doppelt betont (undeutbar/ hieroglyphisch); die Kälte, die wahrscheinlich den Tod gebracht hat, klirrt in den S-Lauten (Z. 4). Der bildhafte, indirekte Vergleich („Wappentier") lässt den Leser an einen Adler mit ausgebreiteten Schwingen denken; die „Inschrift" bezieht sich auf die durchscheinenden inneren Linien des Wesens, die wie eine unentschlüsselte Botschaft wirken. Verborgen ist dem Schauenden die Herkunft der Quallen: Sie reicht zurück in die Meerestiefen, den Bereich, wo Quallen einen Wert haben („Märkte" = Metapher aus dem Wirtschaftsleben); der Betrachter vermutet in den Tiefen vergessene, versunkene

Träume (Menschenträume, Tierträume?). Der Autor spielt auf einen Bereich an, in dem sich mischt, was von oben (Z. 10) ins Meer absinkt und was von unten aufsteigt. Man denkt beim Lesen dieses Abschnitts an Atlantis oder eine andere mythische Stadt – vom Meer verschlungen samt ihren Bürgern und deren Bürgerrechten. Der Begriff „Bürgerrechte" wirkt hier seltsam fremd und lässt sich wohl auch nicht ganz ausdeuten; vielleicht ist gemeint, dass die Qualle ihr Bürgerrecht (= ihre Daseinsberechtigung) bei uns nicht mehr hat. – In Z. 12 ist die Armut erwähnt, die sich nicht nach der Qualle bückt: So wertlos erscheint die Qualle selbst dem Wandernden oder einem Bedürftigen, dass er sie achtlos liegen lässt. Auch die oberirdische Natur verachtet die Quallen: Die Kiefer, gegen Wind und Meer ankämpfend, wendet sich weg vom Strand; nur der Wind kommt zu Besuch. In dem vorliegenden Gedicht steht in und zwischen den Zeilen das Lob auf die Schönheit der Natur, der Hinweis auf ihre Vielfalt und ihre Geheimnisse und der (leise) Vorwurf, dass wir alle wenig Anstrengungen unternehmen, die Botschaften der Natur zu entziffern, die in mythische Zeiten zurückreichen.

Drei Abschnitte: 5-, 8-, 6-zeilig, kein Metrum, kein Reim; extreme Zeilenbrechung (6 Zeilen enthalten nur je ein Wort; drei Zeilen je zwei Wörter); einfachster Satzbau in Abschnitt 1 und 3; Abschnitt 2 besteht nur aus einem Satz (= betont die Strömung); wenige, auffällige Adjektive (Z. 2, 7, 10, 11, 16); eine Wortneuschöpfung („fliegengeschmückten", Z. 10), die gleichzeitig eine Beschönigung darstellt.

Übung A16
S. 50

Interpretation
Das Gedicht „Frankfurt" entstand in den fünfziger Jahren, der Zeit des so genannten Wirtschaftswunders, als sich kaum jemand mit Umweltfragen oder Umweltproblemen befasste. Es geht in diesem Text um die Verschmutzung der Flüsse und die Art, wie wir alle diese Umweltschädigung verdrängen.
Wie dies bei vielen modernen Gedichten der Fall ist, hat der Autor auf Metrum und Reim verzichtet. Die 19 Zeilen des Textes sind so angeordnet, dass jede dritte Zeile aus nur einem Wort besteht (dies gilt bis Zeile 12); auch die Zeilen 17 und 18 beinhalten je nur ein Wort. Durch diese ungewöhnliche Zeilenbrechung entsteht der Eindruck eines Auf und Ab, man denkt an Wasserwellen – vielleicht die des Mains. Das Gedicht trägt den Städtenamen ‚Frankfurt', und erweckt mit diesem Wort Assoziationen an Großstadt und Industrie, verrät aber damit nichts über den Inhalt des Gedichts.
Mit einem einfachen Aussagesatz, der im sachlichen Nachrichtenton gehalten ist, beginnt der Text. Fast nebenbei werden wir über ein großes Fischsterben im verschmutzten Main (im „öligen Main", Z. 2) in Kenntnis gesetzt. Das durchgehend verwendete Präsens holt dabei das vergangene Geschehen in die unmittelbare Gegenwart. Im zweiten Satz – einem verkürzten Aussagesatz – folgt nun nicht das, was man erwarten würde: eine Beschreibung der Katastrophe oder eine Anklage der Schuldigen, sondern das ironisch formulierte Gegenteil, die Beschwichtigung. Angeblich hat niemand in Frankfurt Grund zur Besorgnis. Das durch Zeilenbrechung herausgehobene Indefinitpronomen „kein" (Z. 3) ist so entschieden, dass der Leser zu vermuten beginnt, wir hätten ‚allen' Grund zu erschrecken. Die Zeilen 6 – 17 stellen dar, dass wir es uns manchmal leicht machen, wenn wir vor Umweltkatastrophen und -skandalen die Augen schließen. In diesem Text sorgt zunächst „eine günstige Strömung" dafür, dass die vergifteten Tierkadaver „rasch" vorbeiziehen und den Betrachter weder optisch noch geruchlich belästigen. Zur Darstellung dieses ‚Abzugs' verwendet der Autor zwei Hauptsätze, wobei das Adjektiv „rasch" eine Zeile ausmacht und dadurch hervorgehoben ist. In dieser Satzreihe finden sich die einzigen auffallenden Stilmittel: eine Metapher („Heer der silbernen Leichen", Z. 10), die zugleich die Beschönigung (= Euphemismus) „silbern" enthält und die paradoxe Wortneubildung „fliegengeschmückt" (Z. 11). Beide Begriffe zwingen den Leser zu besonderer Aufmerksamkeit, sie lassen sich nicht einfach ‚überlesen';

Fortsetzung Übung A 16

sie erwecken wohl auch Ekelgefühle. – Das folgende Satzgefüge nennt den Wind als einen weiteren Helfer zur Verdrängung, er „verweht den Geruch". Hier ist nun nicht mehr von den Bürgern der Stadt die Rede, sondern von uns allen (Z. 16: „unsere verletzlichen Sinne"); ich glaube, der Autor schließt sich und seine Leser zu Recht ein, denn wir alle gehen Katastrophen gerne aus dem Wege. – Der letzte Satz des Gedichtes schließlich korrespondiert mit dem zweiten (Z. 4 – 6), in ihm werden ähnliche Mittel benützt: das herausgehobene Indefinitpronomen, die Ironie des gegenteiligen Sagens (statt: nichts ist in Ordnung – alles ist in Ordnung). Die perfekte Verdrängung der beschädigten Natur spiegelt sich zudem in dem Superlativ der letzten Zeile. Das Gedicht erinnert mich an die drei berühmten Affen, die nichts sehen, nichts hören, nichts sagen wollen. In Fragen der Umwelt verhalten wir uns ganz ähnlich wie sie – bis uns eines Tages Hören und Sehen vergehen wird.

Übung A17
S. 52

2. 8-zeiliges Gedicht, aus vier **unregelmäßig langen Abschnitten** bestehend; **kein Metrum, kein Reim;** Monolog der Eule; auffällig die **Wiederholung** „Du darfst nicht" (Z 1/2) und „sagte die eule zum auerhahn" (Z. 1/Z. 7); wichtig das **Oxymoron** „schön finster" in Zeile 8. Ein **Oxymoron** ist ein Ausdruck, der zwei sich widersprechende Begriffe umfasst.

3. An eine Fabel; Kürze des Textes, Vorhandensein sprechender Tiere; der Text hat einen Vordergrund und einen Hintergrund, d. h. man muss erschließen, was gemeint ist.

4. Eine Eule, ein lichtscheuer Nachtvogel, verbietet einem Auerhahn nachdrücklich (zweimal „Du darfst nicht" und Inversion zur Betonung, Z. 2), die Sonne zu besingen, da sie angeblich nicht wichtig sei. Diesen Auftrag und seine Begründung müsste der Auerhahn eigentlich seltsam finden, er müsste widersprechen – tut es aber nicht; er entfernt die Sonne „aus seinem Gedicht". Seltsam mutet den Leser an, dass aus dem Singen des Auerhahns, das natürlich war, etwas Schriftliches geworden ist: das Gedicht. Seine Folgsamkeit bringt dem Auerhahn Lob ein: Die Eule, die offensichtlich das Sagen hat, erklärt den Auerhahn zum „Künstler". Wir erfahren nicht, wie der Auerhahn auf das Lob reagiert, aber wir erfahren das Ergebnis seiner Handlung: Ohne die Sonne war „es" (das Gedicht? die Stimmung? die Welt?) ‚schön finster'; das Oxymoron betont den Widerspruch: finster ist nicht schön – höchstens für Eulen.

Übung A18
S. 53

2. In diesem Gedicht geht es um die Vereinigung der beiden deutschen Staaten, die das versteckte lyrische Ich sehr kritisch beurteilt.

3. (Die Lösung wird dir in Stichpunkten angeboten)

– der 8-zeilige Text ist **ungegliedert,** wirkt blockartig;

– er enthält **keinen Reim** (typisch für moderne Lyrik);

– das **Metrum** ist vorwiegend ein 5-hebiger Jambus; Ausnahmen sind die Zeilen 1 und 6:

Schwáchsinn, zu frágen wíe es dázu kám.
„Álles was schíefgehn kánn, wird schíefgehn"

Es handelt sich hier um jeweils einen Daktylus und 3 1/2 Trochäen.

– die **Kadenzen** enden männlich (oder stumpf), Ausnahme: Z. 6.

– **Satzbau:** bis Zeile 5 klare, einfache Aussagesätze (bzw. einmal Hauptsatz + Nebensatz, Z. 2/3). Ab Zeile 6 keine syntaktische Gliederung mehr, sodass Zeile 6/7 ganz zusammengehören könnten oder Zeile 6 mit Zeile 7 bis ‚Nenner' eine Einheit bilden könnte; dann käme ein Neuanfang: „wie zum Trost/Das Echo …". Der Satzbau hält hier die Aussage in der Schwebe.

– **Auffällige sprachliche Mittel:**

- drastischer Anfang wie ein Paukenschlag: „Schwachsinn";
- zweimal „es": Das sächliche Pronomen verschweigt das Thema Vereinigung (Z. 1/2);
- Nachdrücklichkeit der Aussage wird erzeugt durch Wiederholung von „falsche" (Z. 2);
- zwei herausragende Metaphern:
„Für einen Stummfilm mit dem Titel VOLK" (Z. 3); diese Metapher stellt das Volk als Statisten dar, die zwar mitspielen bei den Ereignissen, aber sonst nichts zu sagen haben. „Das Land weit übers Datum des Verfalls" (Z. 5) = indirekter Vergleich der DDR mit einer Ware, die nicht mehr genießbar ist.
- Zeile 4: ein Euphemismus, also eine Beschönigung der Tatsache, dass das lyrische Ich den Zeitpunkt der Vereinigung für denkbar ungünstig hält („günstig für Vergeblichkeit" könnte auch als Oxymoron gesehen werden: Verknüpfung von Begriffen, die sich widersprechen).
- Zeile 6, Zeile 8: Zwei Parolen aus der Zeit der Demonstrationen; die eine zeigt den Fatalismus der Bevölkerung, die andere den leisen Stolz, bei historischen Ereignissen zugeschaut, mitgemacht zu haben.
- Zeile 8: Mittel des Kontrastes, da „ich" und Anonymität sich widersprechen.

4. **Interpretation:**

Das vorliegende Gedicht ohne Überschrift wurde von Durs Grünbein verfasst, der 26 Jahre in der DDR lebte und die Zustände dort kennt. Er schrieb diesen Text zwei Jahre nach der ‚Wende'.

Das achtzeilige Gedicht enthält keinen Reim und ist nicht in Abschnitte untergliedert; es wirkt deshalb wie eine kompakte Aussage. Fünfhebige Jamben (Ausnahmen Zeile 1 und Zeile 5) erwecken den Eindruck von Feierlichkeit, die einen Kontrast zur eher alltäglichen Sprache und der einfachen Satzstruktur darstellt. Syntaktisch bilden die Zeilen 2/3 und 4/5 eine Einheit, während der Autor die letzten drei Zeilen fast nicht mehr gliedert und sie so der individuellen Deutung überlässt.

Der Beginn des Textes überrascht den Leser: Der Sprecher im Gedicht, der sich durch kein ‚Ich' zu erkennen gibt, bezeichnet die Frage nach dem „Wie" und „Warum" der Vereinigung drastisch als Schwachsinn; dabei versteckt er sein Thema zunächst im neutralen Pronomen ‚es' (Z. 1/2) und dem Wörtchen ‚dazu' (Pronominaladverb). Er selbst kann die Fragen offensichtlich klar beantworten: Nichts stimmte bei diesem Vorgang, weder der Zeitpunkt noch die Orte, an denen das historische Ereignis ablief. Mit einer Metapher verdeutlicht er seine Einschätzung des Vorgangs der Vereinigung; es war „(ein) Stummfilm mit dem Titel VOLK". Gemeint ist, dass viele DDR-Bürger (= Volk) bei einem Ereignis mitwirkten, bei dem sie nichts zu sagen hatten (= Stummfilm); auch das Drehbuch wurde wohl nicht von ihnen geschrieben. Fast sarkastisch wirkt der Euphemismus in Zeile 4; statt noch einmal zu sagen, „es war der falsche Ort, die falsche Zeit" betont das lyrische Ich, dass die Zeit „günstig" war, aber nicht für den Erfolg, sondern für einen Misserfolg („günstig ↔ Vergeblichkeit" ist gleichzeitig ein Oxymoron). Hier wird angespielt auf die politische ‚Großwetterlage': Der große Bruder Russland war geschwächt, der deutsche Bruder BRD stark; zwischen diesen beiden Fronten konnte nichts Neues, Unabhängiges entstehen. – Deutliche

Lösungen

Fortsetzung Übung A 18

Kritik an der ehemaligen DDR übt der nächste Satz. Das lyrische Ich verwendet eine Metapher, um klarzustellen, dass die DDR in einem kläglichen Zustand war: Es vergleicht sie mit einer Ware, deren Verwendungszeitraum überschritten ist; man denkt an faule Äpfel oder verschimmeltes Brot. Der zitierte Slogan in Zeile 6 drückt den Fatalismus vieler Bürger aus. Sie wussten, dass das Alte vorbei war, aber nicht, wie ein neues, anderes Leben aussehen könnte. Die Befürchtungen mussten auf burschikose Weise beschwichtigt werden: „Wird schon schiefgehn!". Dieser Galgenhumor verbindet; ebenso der Stolz darauf, historische Ereignisse selbst miterlebt zu haben („Ich war dabei …", Z. 8). Das individuelle Ich steht in dieser Zeile im Kontrast mit dem Wort „anonym", wohl weil die vielen individuellen Wünsche und Hoffnungen kein wirkliches Gehör fanden.

In diesem Gedicht kritisiert der Autor Durs Grünbein nicht nur die Lebensumstände in der ehemaligen DDR, sondern ganz deutlich auch die Art und Weise, die Geschwindigkeit und Unüberlegtheit des Vorgangs der Vereinigung, in gewisser Weise bedauert er die Machtlosigkeit der Demonstranten.

Lösungen Teil B

Übung B 2 S. 66

1. Welche Vorzüge und Nachteile bringen uns Autobahnen?
2. Hier wird es etwas kniffliger: Es geht um das Nachgeben, nicht das Auftrumpfen. Die Hilfsfrage für dich selber könnte lauten: Stimmt es immer, dass der Nachgebende der Klügere ist? Ist er nicht manchmal nur der Feigere? Du kommst dann (hoffentlich!) zu der Entscheidungsfrage: Was spricht für ein Nachgeben in bestimmten Situationen, was dagegen?
3. Was spricht dafür, was dagegen, dass ein 14-Jähriger sein Taschengeld selbst verwaltet?
4. Welche Bereicherung kann das Reisen bringen, und welche Vorteile für den Einzelnen, die Gesellschaft und die Natur hat es, nicht zu verreisen?
(Der Zusatz ‚für den Einzelnen, die Gesellschaft und die Natur' kann, muss aber nicht in deiner Lösung vorkommen. Er ist hier eingefügt worden, damit später kein Bereich vergessen wird.)

Übung B 3 S. 67

1. Art des Themas feststellen
2. Welche Arten von Themen gibt es?
   – das dialektische Thema (verlangt ein Pro und ein Kontra)
   – das Belegthema (es wird steigernd aufgebaut)
   – die Erörterung anhand eines Textes
   – die literarische Erörterung
3. Das Thema kann bereits als **Frage** formuliert sein; es kann aus einer **Behauptung** bestehen, die zur Frage umgeformt werden muss; es kann ein **Zitat** sein, zu dem die Frage erst gesucht werden muss.
4. Anderes Thema wählen; auf gar keinen Fall darf das Thema so abgeändert werden, dass es ‚passt'. Die Wahl eines anderen Themas empfiehlt sich auch, wenn ein Zitatthema schwer zu erfassen und abzugrenzen ist.
5. Dieses Zitatthema musst du zu einer Themafrage umformulieren. Das kannst du aber erst dann, wenn du erkannt hast, worauf es abzielt. Es geht um das Problem Gastarbeiter (nicht um Flüchtlinge oder Asylanten) und die Tatsache, dass Arbeiter keine Maschinen sind, die man sich gegen Gebühr ausleihen und die man wieder zurückgeben kann. Menschen bringen (zwischen-)menschliche Probleme mit, die wiederum menschlich gelöst werden müssen. Das Thema enthält also zwei wichtige Felder: Zum einen die Schwierigkeiten beim Aufeinandertreffen von Menschen unterschiedlicher Kulturen, zum anderen die Überlegung, was wir tun können, um die entstehenden/enstandenen Probleme zu lösen.

Du könntest die Themafrage etwa so formulieren:

„Welche Probleme entstanden (und entstehen) durch den Zuzug der Gastarbeiter, und wie können wir diese Probleme lösen?"

Übung B 4 S. 68

1. – Der Begriff ‚kleine Kinder' ist nicht ganz klar; wenn wir ein Alter von 2 – 7 Jahren annehmen, kann diese Spanne um ein, zwei Jahre schwanken.
   – Achte auf die in der Fragestellung enthaltene Einschränkung: Es geht um **unbeaufsichtigtes** Fernsehen, nicht um wohldosiertes, mit Eltern und Geschwistern aufgearbeitetes Fernsehen! Ausschließen müsste man außerdem die Gefahren, die vom Fernsehen allgemein ausgehen.
   – Schwierig wird es sein, alle Arten von Sendungen in der Erörterung unterzubringen (geeignete Kindersendungen / Nachrichten / Dokumentationen / Problemfilme und die Videokassetten, die ein besonderes Problem darstellen, weil sie häufig für Kinder ungeeignet sind und trotzdem unversperrt herumstehen).

Lösungen

Fortsetzung Übung B 4

> 2. – Die Begriffe in diesem Thema sind klar und bedürfen keiner großartigen Erläuterung; öffentliche Schulen sind Einrichtungen für alle, tragen also eine besondere Verantwortung für die Erziehung.
> – So wie das Thema gestellt ist, bezieht es sich auf **alle** an der Schule Tätigen: Lehrer, Schüler, Sekretariatsangestellte, Hausmeister.
>
> – Vorsicht! Es wäre falsch, das Thema als einseitiges Belegthema aufzufassen! Einiges spricht nämlich dafür, dass es sinnvoll ist, kontrolliertes Rauchen in der Schule zu akzeptieren und es nicht in ‚unkontrollierte Bereiche' abzudrängen. Hinter der Formulierung verbirgt sich demnach ein Pro- und Kontra-Thema:
>
> *„Was spricht dafür, was dagegen, dass das Rauchen an öffentlichen Schulen ganz verboten wird?"*
>
> Lies vielleicht zu dem Problem Belegthema oder dialektisches Thema die Hinweise auf Seite 68–70 noch einmal nach!

Übung B 5
S. 72

vgl. Lösung im Textteil S. 72 f.

Übung B 6
S. 75

Positive Aspekte der Autobahnen

Zusammen gehören: Es gibt weniger Unfälle / angenehmes Fahren / gleichmäßiger Verkehrsfluss / Überholmöglichkeiten / zügigeres Fahren.

Als **Oberpunkt** könnte man hier den zweiten Aspekt wählen:
Das Fahren auf der Autobahn hat angenehme Seiten:
– man kann mit gleichmäßiger Geschwindigkeit fahren
– man kommt meist recht flott voran
– man kann langsamere Fahrer überholen

Zusammen gehören: Autobahnbau schafft Arbeitsplätze / stärkt die Bauindustrie / stärkt die Autoindustrie.

Der entsprechende zweite **Oberpunkt** könnte lauten:
Der Autobahnbau hat positive wirtschaftliche Folgen:
– er stärkt die Bauindustrie
– er trägt dazu bei, dass mehr Autos gebaut und gekauft werden
– er schafft Arbeitsplätze

Die anderen beiden Punkte (schnelles Erreichen des Ziels / Entlastung der Städte vom Durchgangsverkehr) kannst du einzeln stehen lassen; sie enthalten unterschiedliche Aspekte.

Negative Aspekte der Autobahnen

Zusammen gehören: Autobahnen zerstören Grünflächen und Naturschutzgebiete / geballte Abgase werden produziert bei höheren Geschwindigkeiten / Tiere werden überfahren / weniger Leute fahren mit der umweltfreundlichen Bahn.

Dazu könntest du den **Oberpunkt** so formulieren:
Autobahnen richten Schäden in der Natur an.

Zusammen gehören: Autobahnen verleiten zum Rasen / man sieht wenig von der Landschaft / man ist Lärm und oft Staus ausgesetzt.

Der **Oberpunkt** hierzu könnte also lauten:
Fahren auf Autobahnen bringt für den einzelnen Fahrer unangenehme Begleiterscheinungen.

Der Punkt ‚Steuergelder' ist übrig geblieben; ich würde ihn einzeln abhandeln, er bietet genug Stoff.

Zu Übung B 7 findest du leicht die Lösung bei einem Blick auf die Gliederung in Übung B 9. Aus der Einleitung A und dem Schlusssatz C kannst du dir so die nötigen Sätze erschließen. Die Lösung zu Übung B 8 findest du unter Übung B 15 und 16 S. 158.

Übung B 7 und B 8 S. 82

A. Der Zustand der Raucherecke an unserer Schule

Übung B 9 S. 83

B. Was spricht gegen, was für ein generelles Rauchverbot an öffentlichen Schulen?

    I. Was spricht gegen ein Verbot?

        1. Rauchverbote sind problematisch, weil
          a) die Kontrolle schwierig ist
          b) Nichtrauchen eine Sache der freien Entscheidung ist
        2. Gewohnheitsmäßige Raucher lassen sich das Rauchen nicht verbieten
          a) Sie rauchen heimlich außerhalb der kontrollierten Räume
          b) Sie nehmen entstehende Konflikte in Kauf

    II. Was spricht für ein Verbot?

        1. Die negativen äußeren Umstände, die das Rauchen mit sich bringt:
          a) verschmutzte Raucherecken
          b) häufige Verspätungen wegen des Rauchens
          c) Brandgefahr
        2. Jüngere Schüler werden verleitet, die älteren nachzuahmen
        3. Rauchen hat gesundheitliche Schäden für Raucher und Nichtraucher zur Folge
        4. Die Schule hat einen Erziehungsauftrag; sie sollte keinen Freiraum für weiche Drogen ermöglichen

    III. Nach Abwägen aller Gesichtspunkte überwiegen die Argumente, die für ein Verbot sprechen.

C. Erziehung zu einem drogenfreien Leben fängt zu Hause an; die Eltern sollten Vorbild sein.

Hinweise:

– Erkennst du die beiden Gliederungsprinzipien?

Kontraste: I. ↔ II.
Steigerung: zuerst Argumente gegen ein Verbot, dann für ein Verbot und direkt anschließend die Entscheidung im Sinne von II.
Natürlich kannst du die umgekehrte Reihenfolge wählen, wenn du auf eine Raucherlaubnis hinauswillst!

Steigerung auch bei den Unterpunkten, z. B. bei B. II.:
1. = äußere Umstände
2. = Einfluss auf andere
3. = gesundheitliche Schäden für alle
4. = der allgemeinste Aspekt

– Du findest untergliederte und allein stehende Punkte (B. II. 2. – 4.).

– Alle Oberpunkte sind in ganzen Sätzen abgefasst.

Übung B 10
S. 83

A. Kinderarbeit in vergangenen Jahrhunderten
oder: Die geltenden rechtlichen Bestimmungen
oder: Bezug auf deine letzten Ferien

B. Was spricht gegen, was für einen Ferienjob für Schüler meines Alters?

  I. Argumente, die gegen einen Ferienjob sprechen:
   1. Es gibt nur wenige Jobs, die für Heranwachsende geeignet sind
   2. Ferienarbeit beeinträchtigt das Wohlbefinden des Schülers, weil die Erholungspause verkürzt wird
   3. Die schulischen Leistungen können sich verschlechtern
   4. Der Umgang mit Geld führt manchmal zu unbescheidenen Wünschen

  II. Argumente, die für einen Ferienjob sprechen:
   1. Das Taschengeld wird aufgebessert
      a) Man kann sich Wünsche erfüllen, die sonst unerfüllbar sind
      b) Man hat Geld für Geschenke
   2. Man lernt, mit Geld richtig umzugehen
   3. Man wird etwas unabhängiger von den Eltern
   4. Der jobbende Schüler erhält einen Einblick in die Arbeitswelt
      a) Er lernt neue Menschen kennen
      b) Er versteht, was es heißt, schwer zu arbeiten
      c) Er verliert eventuell seine Überheblichkeit

  III. Bei Wahl des richtigen Jobs und der Einhaltung der Schutzbestimmungen überwiegen die Argumente für einen Ferienjob

C. Meine persönliche Entscheidung für einen Job in den Sommerferien

Hinweise:
Auch hier muss deine Lösung dieser Musterlösung nicht in allen Punkten entsprechen. An einem Beispiel soll dir das klar werden: Dem Punkt I.4 merkt man deutlich an, dass er von einem Erwachsenen formuliert wurde, der vielleicht Angst hat, dass sein Kind, wenn es Geld verdient, zu selbstständig oder anspruchsvoll wird. Wenn du als Jugendlicher die Sache anders siehst, kann dieser Punkt fehlen.
I. und II. können vertauscht werden, wenn du nein zur Ferienarbeit sagen willst. Achte aber insgesamt darauf, dass du mehrere Aspekte zu Pro und Kontra findest; deine Arbeit wird sonst zu knapp oder einseitig.

Übung B 11
S. 86

A. Die Reise mit den Eltern im letzten Jahr

B. Was spricht dagegen, was dafür, dass 16- bis 18-Jährige mit Freunden Urlaub machen?

  I. Was spricht gegen solch einen Urlaub?
   1. Die Planung ist vielleicht nicht perfekt
   2. Urlaub im In- und Ausland birgt Gefahren:
      a) bei Selbstüberschätzung
      b) bei unvorsichtigen Verhalten
   3. Jugendliche in diesem Alter sind noch nicht volljährig
   4. Es fehlt eine Person, die mit Rat und Tat hilft, wenn etwas schief geht

II. Was spricht für einen Urlaub mit Freunden?
   1. Die Reiseplanung und Durchführung stärkt die Eigeninitiative
   2. Reisen mit Gleichaltrigen macht Spaß:
      a) Gemeinsame Interessen bestimmen das Programm
      b) Man ist bei Gesprächen unter sich
      c) Man lernt seine Freunde besser kennen
      d) Man wird nicht gegängelt
   3. Mit Gleichaltrigen zu verreisen, ist eine gute Möglichkeit, selbständiger zu werden

   III. Wenn die Planung stimmt und die Freundesgruppe sich vernünftig verhält, spricht mehr für ein Verreisen mit Gleichaltrigen

C. Mein nächster Urlaub mit Freunden ist bereits geplant

Lösung dazu im Text anschließend an die Übung.

Übung B 12
S. 94

Beispiel 1:

Übung B 13
S. 96

Du hast sicher gemerkt, dass dieser Punkt zu knapp ausgeführt ist. Nach der These **fehlt die Argumentation;** das Beispiel bleibt etwas blass, weil es so kurz dargestellt wurde.

Beispiel 2:

Der Schreiber beginnt hier mit einem Beispiel (das ist an sich in Ordnung!), führt es aber in einer Weise aus, die nicht direkt zu seiner These führt, sondern über mehrere ‚Ecken'. Eine klare Argumentation fehlt.

Verbessert könnte dieses Beispiel so aussehen:
In der Süddeutschen Zeitung findet man laufend Stellenanzeigen, aber es sind nur ganz wenige Angebote für Jugendliche dabei, die einen Ferienjob suchen. Dass es für Jugendliche zur Zeit schwierig ist, einen Ferienjob zu finden, liegt sicher an den Problemen, die sich auf dem Arbeitsmarkt zeigen: Viele Arbeitslose sind froh, wenn sie wenigstens eine Aushilfsarbeit bekommen; die Schüler haben deshalb weniger Chancen.

Beispiel 3:

Hier beginnt der Schüler mit einem brauchbaren Beispiel, führt es aber **viel zu weit** aus. Wie in einer Erlebniserzählung verwendet der Verfasser wörtliche Rede. Die **Argumentation** ist in der Äußerung der Eltern **versteckt** und fast nicht erkennbar.

Rat: Beispiel kürzen, Argumente bringen (mangelnde Erholung → schlechtere Konzentration → schlechtere Leistungen).

B. II. 1. **(Kontrast)**	*Es gibt jedoch auch eine Reihe von Argumenten, die für einen Ferienjob sprechen. Wenn ich mir mein Taschengeld so betrachte – es sind 50 DM, manchmal 70 DM im Monat –, dann stelle ich immer wieder fest, dass es einfach zu wenig ist. Ein Ferienjob ermöglicht es mir, diesen knappen Etat aufzubessern. Wenn ich einige hundert Mark zusätzlich verdient habe, kann ich mir endlich den ersehnten Walkman kaufen oder für einen CD-Player etwas ansparen. Ich denke*	
(Kontrast)	*aber nicht nur an mich beim Einkaufen: Mit etwas mehr Geld kann ich meine Freundin mit einem Geschenk überraschen, und ich bin unabhängig von Vaters Geldbeutel, wenn meine Mutter Geburtstag hat.*	

Übung B 14
S. 100

Fortsetzung Übung B 14

	B. II. 2. **(Kontrast)**	*Ich will mich aber nicht nur als edelmütig hinstellen. Als ich das letzte Mal nach dem Jobben relativ viel Geld hatte, habe ich es sofort für ein Lederjacke ausgegeben, die mir nach ein paar Wochen nicht mehr gefiel. Aus dieser negativen Erfahrung habe ich gelernt, mit meinem mühsam erworbenen Geld vorsichtiger umzugehen.*
	B. II. 3. **(Reihung)**	*Ein weiteres Argument, das für einen Ferienjob spricht, ist die schon erwähnte Tatsache, dass man etwas unabhängiger von seinen Eltern wird. Ich muss z. B. nicht fragen, ob ich zu meiner Geburtstagsfeier alle meine Freunde einladen darf oder nicht, wenn ich die Kosten größtenteils selbst trage; ich kann öfter ins Kino gehen oder mir ein Sandwich kaufen, das meine Mutter mir nicht bezahlt, weil sie es ungesund findet.*
	B. II. 4. **(Steigerung)**	*Ein noch wichtiger Grund für einen Ferienjob liegt darin, dass der arbeitende Schüler zum ersten Mal einen Einblick in die Arbeitswelt erhält ...*

Übung B 15
S. 101

Wir haben in unserer Schule eine Raucherecke, in der die Schülerinnen und Schüler der 12. und 13. Jahrgangsstufe offiziell rauchen dürfen. Wenn ich als jüngerer Schüler an dieser Ecke vorübergehe, finde ich sie jedesmal ekelhaft: Kippen liegen rund um die großen Aschenbecher verstreut, leere Zigarettenschachteln verunstalten die Ecke. Selbst nach Unterrichtsbeginn stehen oft noch einige Schüler in der Kälte und rauchen noch schnell eine Zigarette. Da könnte man durchaus auf die Überlegung kommen, ob es nicht besser wäre, das Rauchen an öffentlichen Schulen wie der unseren ganz zu verbieten.
Gerade der optische und hygienische Zustand der Raucherecke könnte ein erstes Argument für ein generelles Verbot sein ...

Übung B 16
S. 103

Hier ließe sich nahtlos anschließen mit dem Schlussgedanken der Mustergliederung:

Erziehung zu einem drogenfreien Leben fängt zu Hause an; die Eltern sollten Vorbild sein.

Der Schluss könnte dann so lauten:

Ich glaube jedoch, dass alle Massnahmen und Vorschriften der Schule nichts oder wenig nützen, wenn die Schüler im Elternhaus erleben, dass das Rauchen (oder Trinken) in der Familie verharmlost wird. Eltern, die selbst rauchen, werden ihren Kindern nur sehr schwer klarmachen können, dass Vorsicht und Zurückhaltung gegenüber den sogenannten weichen Drogen geboten sind.

Übung B 17
S. 103

Es handelt sich um ein **Belegthema:**
Wichtig ist die Formulierung „du persönlich"; du darfst also nicht in das allgemeine ‚man' verfallen!

Aufbau: steigernd

Schlüsselbegriff: umweltfreundlich; du verhältst dich umweltfreundlich, wenn du keine Energie verschwendest, die Natur nicht schädigst oder zerstörst, wenn du auch einmal mit etwas weniger (Energie / Geld / Reisekilometer) zufrieden bist.

Stoffsammlung

Was kann ich sofort tun:
– weniger Wasser
– weniger Fleisch
– Ökogemüse
– weniger Strom, Licht sparsam einsetzen

Kann ich andere aufklären?

Weiß ich genug?
- Ökogruppen / wirksam?
- Welche Bereiche?
  Familien, Schule, Stadt, Ferien (nähere Umgebung, nicht immer Jet, ‚sanft' reisen)
- Abfall vermeiden, manches wieder verwenden, sortieren
- Wegwerfgesellschaft?
- Gifte im Haushalt (Ungeziefer, Putzmittel, Weichspüler ...)
- Auto stehen lassen, Fahrrad benützen

Gliederung

Die einfachste Form der Gliederung ist hier wohl die nach Bereichen: Familie, Freundeskreis, Schule ...
Sie ist aber etwas schematisch, und es gibt Überschneidungen.
Die Verfasserin des folgenden Aufsatzes hat nach den verschiedenen Verhaltensweisen gegliedert und ist damit ganz gut zurechtkommen. Ihre Gliederung sieht so aus:

A. Das Ozonloch – eine Folge unseres unvernünftigen Verhaltens

B. Was kann ich persönlich tun, um mich umweltfreundlich zu verhalten?

   I. Ich kann versuchen, Energie einzusparen:
     1. in meinem Zuhause
     2. in der Schule
     3. in meiner Freizeit und in den Ferien

   II. Ich muss mein Verhalten so ändern, dass ich die Natur nicht schädige oder zerstöre:
     1. Ich beteilige mich nicht an der Umweltverschmutzung
     2. Ich informiere mich über Schadstoffe und vermeide sie beim Einkauf
     3. Meine Ernährung soll so gesund wie möglich sein
     4. Mein Ziel ist es, Abfälle zu vermeiden
     5. Die unvermeidbaren Abfälle werden sortiert und kompostiert

   III. Ich versuche, auch andere Menschen zu einem vernünftigen Verhalten zu bringen:
     1. indem ich mich selbst (fast) immer an meine Grundsätze halte
     2. durch genaue Information, z. B. über Sammelstellen
     3. durch den Beitritt zu einer Öko-Gruppe

C. „Rettet den Regenwald!" – eine umstrittene Kampagne

Ausführung (Schülerbeispiel)

aktuelles Problem	W	Noch vor einigen Jahren war es unbekannt, das Ozonloch, durch das die Sonnenstrahlen ungefiltert, Hautkrebs erzeugend, zur Erde gelangten. Wir haben es erzeugt durch den fleißigen Gebrauch von Fluorchlorkohlenwasserstoffen und anderen schädigenden Stoffen. Fast allen Erdbewohnern ist inzwischen klar geworden, dass wir mit der Umwelt gewissenhafter und verantwortungsvoller umgehen müssen. Mit schönen Worten allein ist da nichts getan. Jeder von uns muss sofort damit anfangen, sich umweltfreundlich zu verhalten.	A.
Überleitung			

Fortsetzung Übung B 17

Themafrage	Ich habe mir im Folgenden überlegt, was ich persönlich der Umwelt zuliebe tun kann.	
	Ich möchte mit dem Bereich beginnen, in dem ich sofort und erfolgreich etwas tun kann, weil ich da vieles in der eigenen Hand habe: zu Hause. Zwar handelt es sich durchweg um die Einsparung kleiner Energiemengen, aber auch diese summieren sich im Laufe der Jahre!	B. I. 1.
brauchbare Beispiele, aber in der Aufzählung etwas langweilig	An einem Tagesablauf möchte ich die Beispiele aufzeigen: Ich dusche, statt zu baden, und spare damit täglich etliche Liter Wasser ein; beim Zähneputzen stelle ich das Wasser ab; alle unnötigen Lichtquellen schalte ich aus. Mein Zimmer lüfte ich schnell und gründlich; ich lasse mich nicht vom Radio dauerberieseln und schalte den Fernseher aus, wenn ich nicht ernsthaft fernsehen will. Steht nur wenig Geschirr in der Spüle, wasche ich es mit der Hand, statt den Geschirrspüler halbvoll zu starten. All dies sind Dinge, die nur ein wenig Nachdenken und etwas Zeit und Mühe kosten.	
Verknüpfung: Steigerung	Im Bereich Schule ist es etwas schwieriger, sich als Einzelner umweltfreundlich zu verhalten, aber es gibt bescheidene Möglichkeiten: Zunächst verzichte ich darauf, dass mich Vater oder Mutter im Auto zur Schule bringen. Ich benütze mein Fahrrad; bei schlechtem Wetter steige ich um auf die öffentlichen Verkehrsmittel. In meinem Klassenzimmer achte ich darauf, dass kurz gelüftet wird. Seit kurzem haben wir in der Schule einen Pausendienst, der in allen Klassenzimmern während der halbstündigen Pause die Lichter löscht – ich	B. I. 2.
gehört nicht zum Thema	mache da mit und wundere mich immer wieder, wie gedankenlos viele Schüler sind. – Mein Pausenbrot befindet sich in einer abwaschbaren Blechschachtel, und Saft nehme ich in einer kleinen Thermosflasche mit. So spare ich den Kauf von Wegwerfdosen ein und das Einpackpapier.	
Einschränkung der Möglichkeiten	Viel mehr Möglichkeiten habe ich in der Schule nicht, denn sie ist ein öffentliches Gebäude, das beheizt und beleuchtet werden muss, damit alle sich wohlfühlen können.	
Verknüpfung: Steigerung	Mehr Freiraum für vernünftiges Verhalten bietet sich mir in meiner Freizeit oder in den Ferien. Ich kann sie so gestalten, dass ich wenig Energie verbrauche. Eine Radtour durch die nähere Umgebung zusammen mit Freunden, ohne Stress, ohne Klimawechsel, kann schöner sein als eine Reise mit dem Flugzeug zu einem fernen Urlaubsziel. Damit will ich nicht alle Auslandsreisen als ökologische Sünden hinstellen, sondern nur darauf hinweisen, dass es sinnvolle Alternativen zu	B. I. 3.
Ein weiteres Beispiel wäre sinnvoll	Fernreisen gibt, bei denen man kein schlechtes Gewissen haben muss. Wir (drei Freundinnen und ich) sind z. B. in den letzten großen Ferien durch das Allgäu geradelt, ganz gemütlich, ohne großen sportlichen Ehrgeiz, von einer Jugendherberge zur andern. Und es waren sehr schöne Ferien!	
erlebnishaft! Überleitung durch Zusammenfassung (etwas umständlich!)	Bis jetzt habe ich nur vom Energiesparen gesprochen. In den folgenden Punkten soll dargelegt werden, wie ich eine Schädigung oder Zerstörung der Natur verhindern kann.	B. II.
	Mit einer naheliegenden und anscheinend einfachen Verhaltensweise möchte ich anfangen: Ich bemühe mich darum – immer aber gelingt es nicht –, keine Abfälle zu hinterlassen;	B. II. 1.

gleitende Überleitung: gut gelungen	sei es auf dem Pausenhof, im Wald nach einem Picknick oder am Strand. Ich stelle mir vor, dass mein Verhalten millionenhaft multipliziert wird – und dann merke ich, dass schon ein weggeworfenes Papier eines zu viel ist. Dann spüre ich Gewissensbisse, weil ich weiß, was ich falsch gemacht habe. Manchmal verhalte ich mich aber auch falsch, weil ich zu wenig weiß. Deshalb versuche ich in letzter Zeit, in Zeitschriften wie „Ökotest" möglichst viel über Schadstoffe in Lebensmitteln, Putzmitteln und Kosmetika herauszufinden und diese Schadstoffe – wenn möglich – zu meiden. Ich kaufe z. B. keinen Haarspray mehr, der mit FCKW-Treibgas versprüht wird; ich verwende keinen Lippenstift von Firmen, die Tierversuche machen; ich habe für mein Radio einen Netzstecker gekauft, um die schwer recyclebaren Batterien zu vermeiden. Obwohl dies nur ganz kleine Schritte sind, machen sie Mühe und kosten viel Zeit.	B. II. 2.
keine Überleitung	Gemeinsam mit meinen Eltern bemühe ich mich, gesund zu essen und zu trinken. Wir haben beschlossen, nicht mehr als zweimal wöchentlich Fleisch zu essen und viel Gemüse aus kontrolliertem Anbau. Meine gelegentlichen Besuche im Fastfood-Restaurant habe ich stark verringert, seit ich weiß, wie das Fleisch für den geliebten Hamburger produziert wird. An den Fastfoodsnacks stören mich auch die Kunststoffverpackungen; soviel ich weiß, sind sie nicht recyclebar und liegen deshalb nicht im allgemeinen Trend, der dahin geht, Abfälle zu vermeiden.	B. II. 3.
Verknüpfung durch Einschränkung! glaubhafte Einschränkung!	Ich selbst kann mich nur mit bescheidenen Versuchen an diesem Trend beteiligen: Ich kaufe keine Süßigkeiten mehr, die zu aufwendig verpackt sind; ich packe meine eigenen Geschenke materialsparend ein. Zum Einkaufen gehe ich mit Korb oder Netz; aber ich bringe es noch nicht fertig, mit eigenen Dosen oder Schachteln in der Wurst- oder Käseabteilung einzukaufen (da schauen einen alle etwas komisch an!).	B. II. 4.
ohne Überleitung	In unserer Familie habe ich es übernommen, den Hausmüll zu sortieren und für die Sammelstellen fertigzumachen. Da wir einen kleinen Garten haben, können wir den organischen Müll kompostieren; ich achte darauf, dass der Kompost richtig aufgebaut wird und dass keine ungeeigneten Abfälle hineinwandern. Flaschen und Zeitungen fährt mein Vater von Zeit zu Zeit zu den Sammelstellen. Den anderen Sondermüll (Batterien, Joghurtbecher, Alufolien usw.) nehme ich in die Schule mit, wo große Behälter dafür aufgestellt sind. Früher hatte ich noch jede Menge Blechdosen wegzubringen, aber inzwischen kaufe ich Limonade nur in Flaschen. Ich habe dazugelernt.	B. II. 5.
gleitender Übergang Anschluss!	Inzwischen glaube ich sowieso, dass man umweltfreundliches Verhalten nicht verordnen kann, man muss es erlernen. Und lernen kann man am besten, wenn man jemanden hat, der einem etwas vormacht. Ich gebe mir große Mühe, für meine Mitschüler und für meine beiden Geschwister ein gutes Vorbild zu sein und (fast!) alles, was ich als richtig erkannt habe, auch zu tun (siehe B.I/B.II). Aber leider bin ich nicht immer ein strahlender „Öko-Engel".	B. III. 1.
Kontrast	Manchmal ist es leichter, mit theoretischem Wissen zu glänzen, und sogar meine Mutter ist beeindruckt, wenn ich ihr er-	B. III. 2.

Fortsetzung Übung B 17

	klären kann, welcher Konservierungsstoff giftig und welcher harmlos ist, welches Waschmittel gut abbaubar ist und warum Weichspüler unnütz und gefährlich sind. Es fällt ihr, trotz meiner Ratschläge, schwer, die vielen Putzmittel, die ‚Super-Sauberkeit' versprechen, nicht zu verwenden und zu ‚Omas' einfachen Mitteln – z. B. Kernseife und Essig – zurückzukehren. Genaue Information muss also sein, und zwar immer von neuem, weil sich die Schadstoffe ändern, weil täglich neue Erkenntnisse dazukommen. – Um mir diese Erkenntnisse zu verschaffen und sie dann an andere weiterzugeben, bin ich dem Öko-Arbeitskreis unserer Schule beigetreten. Er hängt Infos aus, betreut die verschiedenen Abfallsammlungen und organisiert Ausstellungen.	
gleitender Übergang		B. III. 3.
gutes Beispiel; passt zum letzten Punkt	Eine unserer Ausstellungen hatte das Thema „Rettet den Regenwald!". Viele Schüler drängten sich am Eröffnungstag vor den Schautafeln, die den Raubbau am Wald und die verheerenden Folgen zeigten.	C.
aktuell, glaubhaft	Alle waren sich einig: Ja, der Regenwald muss gerettet werden, aber wie? Wir sind doch weit weg und ziemlich machtlos! Ich stand dabei und dachte mir, dass für meine Mitschüler und mich eine Ausstellung mit dem Thema „Wie kann ich Müll vermeiden?" sinnvoller und motivierender gewesen wäre.	

Hinweise zur Schülerarbeit

Der vorliegende Aufsatz, der übrigens ein Hausaufsatz war, für den die Schülerin der 10. Klasse acht Tage Zeit hatte, wurde mit „gut" benotet. Er kann dir in folgenden Punkten als Muster dienen:

Stärken:

1. Das Thema ist erfasst und persönlich – was hier verlangt war – beantwortet.

2. Eine formal richtige und logisch aufgebaute Gliederung liegt vor.

3. Die Ober- und Unterpunkte sind stimmig; es gibt nur geringfügige Überschneidungen (z. B. Verhalten in der Familie / der Schule / in den Ferien).

4. Die Gliederungspunkte stimmen mit der Ausführung überein; sie stehen zur besseren Orientierung am Rand. Erkundige dich bei deinem Lehrer, wie genau er die Punktangaben haben will; manche Lehrer begnügen sich mit A/B/C und den Hauptpunkten I./II./III.; andere verlangen auch die Unterpunkte.

5. Die Ausführung ist nicht zu knapp und nicht zu weitschweifig. Die Beispiele überzeugen fast alle. Die Schülerin hat es vermieden, zu jedem Punkt nur 1 – 2 Sätze zu äußern, wie das oft geschieht; sie hat argumentiert (soweit das bei diesem Belegthema möglich und nötig war) und belegt. Für fast alle Punkte hat sie Überleitungen gefunden. Einleitung und Schluss sind gut gelöst.

6. In Satzbau und Wortwahl bleibt die Schülerin klar, überschaubar und zumeist sachlich; sie hat versucht, in Wortwahl und Syntax abzuwechseln.

Schwächen:

Es gibt an dieser guten Arbeit nicht viel auszusetzen; deshalb nur drei kleine Anmerkungen:

1. In B. I.1 gerät die Verfasserin ins Aufzählen; das ist für den Leser etwas ermüdend.
2. Zweimal fehlt eine Überleitung von Punkt zu Punkt (II. 2. zu II. 3.; II. 4. zu II. 5.). Mir persönlich ist es jedoch lieber, wenn 1 – 2mal eine Überleitung fehlt, als dass sie erzwungen wird. Auch bei diesem Punkt musst du herausfinden, wie dein Deutschlehrer dazu steht.
3. Die Punkte I. 3. und II. 3. sind in der Ausführung recht knapp geraten; bei der Länge dieser Arbeit muss man jedoch dafür Verständnis haben.

Beispiel 1:

ugs./Ausdr.	Mir macht das Zuschauen bei Olympischen Spielen schon seit einiger Zeit <u>null</u> Spaß. Die vielen <u>Sporttypen</u>, die übertragen werden, sind zum Teil <u>ätzend</u> langweilig. Da nützen auch <u>aufgemotzte</u> Eröffnungs- und Schlussfeiern wenig, die <u>Milliarden</u> verschlingen.
ugs./ugs.	
übertrieben	

Übung B 18
S. 106

Du hast es sicher gemerkt: Hier sind zu viele umgangssprachliche (= ugs.) Ausdrücke verwendet worden (siehe Hinweis 4, S. 105); der Begriff ‚Sporttypen' ist ungenau, es gibt die Ausdrücke ‚Sportarten' oder ‚Sportdisziplinen'. Die umgangssprachlichen Ausdrücke wirken wie eine Übertreibung.

So könnte die **Verbesserung** aussehen:

Mir macht das Zuschauen bei Olympischen Spielen schon seit einiger Zeit keinen Spaß mehr. Viele der Diziplinen, die übertragen werden, sind schlicht langweilig. Das können auch pompöse Eröffnungs- und Schlussfeiern nicht ausgleichen, die Millionen verschlingen.

Beispiel 2:

Coubertin begründete die modernen Olympischen Spiele. Anfangs <u>waren</u> sie ganz einfach. Die Parole lautete: ‚Dabeisein <u>ist</u> alles!'. Sportliche Fairness <u>war</u> ganz wichtig. Wichtig <u>war</u> auch die völkerverbindende Wirkung der Spiele. Aber wie <u>ist</u> das heute?

Hier ist zweierlei zu bemängeln:

Fehler Nr. 1 ist der Satzbau, denn alle Sätze sind nach demselben Schema gebaut (Subjekt + Prädikat + Objekt); kein einziger Nebensatz ist enthalten, darum wirkt der Text auch abgehackt.

Fehler Nr. 2: zu wenig Abwechslung in der Wahl der Verben. 5 von 7 Verben gehen auf ‚sein' zurück; das wirkt schon etwas langweilig und einfallslos.

Verbessert könnte der Text etwa so lauten:

Die von Coubertin begründeten modernen Olympischen Spiele vermieden jeden Pomp; sie folgten der Parole ‚Dabeisein ist alles'. Die Betonung lag auf sportlicher Fairness, außerdem hob man die völkerverbindende Wirkung des Sports hervor.
Wie sieht das heute aus?

Hast du die Fehler erkannt? Sieht deine Verbesserung der vorgeschlagenen Lösung ähnlich?

Fortsetzung Übung B 18

Du erinnerst dich: Es gibt immer mehrere Möglichkeiten. Vielleicht ist dein verbesserter Text sogar eleganter als die ‚Musterlösung'. Am besten findest du das heraus, wenn du deine Version laut liest oder sie jemandem vorliest.

Beispiel 3:

A ungenau/ nicht treffend („großes")	Das Doping-Problem bereitet heutzutage den <u>Verantwortlichen</u> und den <u>Betroffenen schweres</u> Kopfzerbrechen.
A ? W	Durch die Einnahme von schädigenden Substanzen <u>wird</u> die Kapazität von Athletinnen und Athleten gesteigert; dabei <u>wird</u> außer Acht gelassen, dass gesundheitliche Beeinträchtigungen die
W	Konsequenz sein können und dass Leistungen verfälscht <u>werden</u>.

Hier hat jemand versucht, durch besondere ‚Gewähltheit' der Ausdrücke zu glänzen. Das ist aber nicht gelungen: Der Text wirkt schwammig und umständlich. Folgende Begriffe sollten ersetzt bzw. ergänzt werden:

- „Verantwortliche und Betroffene" = Sportfunktionär, Betreuer, Sportler und Sportlerinnen
- „schädigende Substanzen"; Ergänzung durch ein Beispiel: „z. B. muskelbildende Anabolika wie Clenbuterol"
- „Kapazität"; viel plastischer wirkt „Leistungsfähigkeit"
- „dass gesundheitliche Beeinträchtigungen ..."; Reihung von Substantiven (sogenannter Nominalstil) wirkt umständlich (siehe Verbesserung)
- „wird ... wird"; im Deutschen solltest du mit der Verwendung des Passivs sparsam umgehen, meist ist das Aktiv schöner.

Und so könnte man den Text verbessern:

Das Dopingproblem bereitet heutzutage den Sportfunktionären, den Betreuern und den Sportlern großes Kopfzerbrechen. Durch die Einnahme von schädigenden Substanzen – wie z. B. den muskelbildenden Anabolika (etwa Clenbuterol) – versucht man die Leistungsfähigkeit der Athleten und Athletinnen zu steigern; dabei lässt man außer Acht, dass die Gesundheit geschädigt werden kann und die Leistungen verfälscht werden.

Beispiel 4:

	Der Begriff „Europa" ist für manche deutsche Bauern zu einem Reizwort geworden. Er beinhaltet für sie die Vorstellung, dass
Übertreibung	mit ihnen <u>umgegangen</u> wird wie <u>mit ihren Rindviechern</u>. ‚Butterberg', ‚Getreide- und Obstschwemme', ‚Milchkontingentie-
ugs.	rung', ‚extensive und intensive Weidenutzung' sind Schlagwörter, die ihnen ständig <u>um die Ohren gehauen werden</u>. Richtig informiert werden sie nicht, man <u>geht</u> mit ihnen <u>um wie</u>
Übertreibung /W Beispiel !	<u>mit unmündigen Kindern</u>. Kein Wunder, dass der Landwirtschaftsminister immer unbeliebter wird.

Hauptfehler:

Die Schreiberin wollte ihren Text lebendig gestalten; so weit so gut, doch an zwei Stellen ist sie zu weit gegangen, indem sie zu Übertreibungen gegriffen hat – das reizt zum Widerspruch und wirkt unsachlich (ebenso wie die umgangssprachlichen Ausdrücke); inhaltlich gesehen fehlen konkrete Beispiele.

Die Verbesserung könnte folgendermaßen aussehen:

Der Begriff „Europa" ist für manche deutsche Bauern zu einem Reizwort geworden; er verbindet sich für sie mit der Vorstellung, dass ihre Zukunft von anderen bestimmt wird und dass sie unsicher ist. ‚Butterberg, Getreide- und Obstschwemme, Milchkontingentierung', sind Schlagwörter, die ihnen Angst machen. Rechtzeitige und genaue Informationen erhalten die Bauern selten. Ein Beispiel für Fehlinformation ist die Kampagne zur Vergrößerung der Weideflächen in den 70er Jahren – die Milchkontingentierung widersprach dieser Kampagne und brachte viele Milchbauern in Schwierigkeiten.

(Den persönlichen Angriff auf den Landwirtschaftsminister würde ich weglassen).

Sind dir die Fehler aufgefallen?
Sei nicht entmutigt, wenn du kein Beispiel finden konntest! Nicht alle Menschen kennen sich in der Landwirtschaft aus; solch ein Thema muss man inhaltlich vorbereiten.

Beispiel 5:

adversative Verknüpfung	Der europäische Gedanke ist schon sehr alt. [aber] Erst in letzter Zeit bemüht man sich intensiv, eine Einigung zu Stande zu bringen. Viele Schwierigkeiten stellen sich einer Einigung in den Weg: Da ist einmal das große Gefälle zwischen armen [a] und reichen [b] Nationen. Viele Nationen haben Angst, ihre Selbstständigkeit zu
kausale Verknüpfung	verlieren. [denn] Sie fürchten, dass in einem vereinten Europa ihre Kultur und ihre Interessen in einem ‚Einheitsbrei' untergehen könnten. [Beispiel?]. Die reichen [b] Nationen wollen ihren Reichtum
Kontrast	nicht teilen. Den armen [a] Nationen geht die Hilfe zu langsam voran. Viele sagen voraus, dass die Bürokratie das Europaparlament lahm legen wird.

Verbesserte Version:

Der europäische Gedanke ist schon sehr alt, aber erst in letzter Zeit bemüht man sich intensiver, eine Einigung zustande zu bringen. Viele Schwierigkeiten stellen sich jedoch diesem Vorhaben in den Weg: Da ist einmal das Gefälle zwischen den armen und reichen Nationen; während die reichen Nationen zögern, ihren Reichtum zu teilen, geht den armen die Hilfe zu langsam voran. Viele Staaten haben Angst, ihre Selbstständigkeit zu verlieren, denn sie fürchten in einem vereinten Europa um ihre Kultur und ihre Interessen; das überraschende Votum Dänemarks gegen die Maastrichter Verträge ist Ausdruck dieser Unsicherheit. Viele sagen außerdem voraus, dass die Bürokratie das Europaparlament lahmlegen wird.

Aufgabenbeispiel auf S. 108 ohne Übungsnummer

Hinweise dazu:

– Das **Thema** ist zweigeteilt: Warum ist Nähe erforderlich? Warum ist auch Abstand erforderlich? Synthese: Beides ist notwendig für ein harmonisches Zusammenleben von Menschen.
– Vorschlag für die **Gliederung:** Es ist sinnvoll, nach den Bereichen, in denen Menschen zusammenleben, vorzugehen: Kind – Eltern / Geschwister untereinander / Schule / Arbeitsplatz / Gesellschaft.

Wenn du Abstand und Nähe innerhalb der einzelnen Bereiche gemeinsam abhandelst, musst du die genannten Bereiche nicht zweimal durchlaufen.

– Vorschlag für die **Einleitung:** Beispiel einer Klassenfahrt
– Vorschlag für den **Schluss:** Du versuchst festzustellen, ob du eher ein ‚Gruppenmensch' oder ein(e) Einzelgänger(in) bist.

Fortsetzung Aufgabenbeispiel S. 108 (ohne Übungsnr.)

Wichtig ist bei diesem Thema, dass dir anschauliche Beispiele einfallen; denn das Thema hat einen philosophischen ‚Touch'und ist nicht ganz einfach.

Und hier der erste Teil der Gliederung; vielleicht hast du Lust, ihn zu ergänzen!

Gliederung

A. Während unserer letzten Klassenfahrt kam es zu einigen Reibereien in der Gruppe.

B. Inwiefern erfordert das Zusammenleben von Menschen Nähe und Abstand?

    I. Nähe und Abstand sind in der Familie vonnöten:
      1. Nähe gibt Eltern und Kindern Sicherheit und Wärme
      2. Fehlender Abstand
        a) kann zu Reibereien führen
        b) engt den Einzelnen ein
        c) verhindert vielleicht Selbstständigkeit

    II. Nähe und Abstand muss es auch in der Klassengemeinschaft geben …

Gliederung zum Beispielthema auf S. 109 f. und 114
(außer hierzu gibt es keine Lösung zu o. g. Seiten)

A. Samaranch: ‚Das waren die schönsten aller Spiele!'

B. Was spricht gegen, was für die Behauptung, dass die Fernsehzuschauer heutzutage vor allem von dem riesigen, monströsen Spektakel Olympia fasziniert sind?

    I. Was spricht gegen diese Behauptung?
      1. Viele Zuschauer kritisieren den finanziellen Aufwand, der getrieben wird
      2. Viele Zuschauer möchten gern ehrlich erbrachte Leistungen sehen
      3. Auch unspektakuläre Sportarten finden Zuschauer

    II. Was spricht für diese Behauptung?
      1. Vielen Zuschauern sind Eröffnungs- und Schlussfeiern sowie der olympische Tratsch wichtiger als der Sport
      2. Bei manchen erzeugt nur noch Sensationelles einen Nervenkitzel
      3. Viele Zuschauer erwarten eine dauernde Leistungssteigerung der Sportler und akzeptieren, dass sie durch Doping erreicht wird

    III. Die Kritik des Autors trifft weitgehend zu, weil die Argumente in I. nur von einer Minderheit getragen werden.

C. Der Fall Katrin Krabbe

Übung B 19
S. 114

Bertolt Brecht hält hier ein flammendes Plädoyer für die Gedichtanalyse; seine wichtigsten Thesen lauten:

1. Gedichte sind stabile Textformen.
2. Man kommt ihnen nur nahe, wenn man ihre Vorzüge und Schwächen genau betrachtet.
3. Das Analysieren macht Gedichte nicht kaputt.

Alle drei Thesen sprechen sich – wie du siehst – **für** die Analyse von Gedichten aus.
Deine **Hauptthese** müsste also lauten:
„Es ist sinnvoll, Gedichte zu analysieren."
Die **Erörterungsfrage** dazu wäre:
„Warum ist es sinnvoll, Gedichte zu analysieren?"

a) Der Auerhahn entspricht dem Dichter, dem Künstler; die Eule entspricht der Zensur; die Sonne entspricht der Schönheit der Kunst.

b) ‚es war schön finster' – es wird nur noch geschrieben, was erlaubt und nützlich ist.

c) – Zensur beeinträchtigt die Kunst: Sie wird verstümmelt und gerät zur Auftragskunst.
– Der Künstler, der sich anpasst, wird geehrt und gelobt – aber nur von Leuten, die nichts von Kunst verstehen.
– Der Künstler sollte Widerstand leisten und seine Vorstellungen von Kunst durchsetzen. (Dieser letzte Gedanke steht nicht direkt im Text; sei nicht entmutigt, wenn du ihn nicht gefunden hast!)

Übung B 20
S. 115

Hinweise:

Diese Thesen sind so offensichtlich richtig, dass du sie nicht kontrovers diskutieren musst; es handelt sich also um ein **Belegthema.**

Ich würde dir raten, die drei Thesen einzeln nacheinander zu erörtern, weil sie eigenständige Aussagen enthalten.

(Zu Fragen 1.–3. keine Lösung)

A. Die Vielzahl der Kanäle im europäischen Fernsehen

B. Welche Kritikpunkte am Fernsehen äußert Fellini und wie stichhaltig sind sie?

   I. Das Fernsehen verdrängt andere Medien und Kunstformen
      1. Was spricht für diese These?
         a) die schlechte Situation der Printmedien, vor allem des Buches
         b) der Niedergang des Kinofilms
      2. Was spricht gegen diese These?
         a) die Auflagenzahl der Zeitungen und die Flut der Neuerscheinungen bei Büchern
         b) die gleichbleibende Zahl der Leseratten

   II. Das Fernsehen ist Lebensersatz
      1. Was spricht für diese These?
         a) Das Fernsehen erhebt den Anspruch, überall dabei zu sein
         b) Es bietet Ersatzerlebnisse und Möglichkeiten der Identifikation
      2. Was spricht gegen diese These?
         a) Der mündige Zuschauer kann abschalten
         b) Viele Sendungen sind offensichtlich realitätsfern

   III. Das Fernsehen verdummt und lähmt die Zuschauer
      1. Was spricht gegen diese These?
         a) Das Fernsehen erfüllt auch kulturelle Bedürfnisse (z. B.: Opern, Theater)
         b) Es informiert (z. B.: Nachrichten, Fortbildung)
      2. Was spricht für diese Behauptung?
         a) Eine Vielzahl von Sendungen ist ohne Niveau
         b) Das Fernsehen lähmt die Eigeninitiative

   IV. Fellinis Kritik trifft im Kern zu, sie ist jedoch zu polemisch und übertrieben formuliert

C. Kann man fernsehsüchtig werden?

Übung B 21
S. 116 f.

1. Die Fernsehfigur ‚Motzki' ist erträglicher als die echten ‚Motzkis'.
2. Motzki verhilft beiden Seiten – nach vierzigjähriger Trennung – zu Einsichten in die unterschiedlichen Ansichten und Verhaltensweisen.
3. Motzki spricht Probleme klar aus. Dadurch erleichtert er es den ‚Ostdeutschen', selbst Kritik an der Art und den Folgen der Wiedervereinigung zu üben.

Übung B 22
S. 118

Mentor Lernhilfen für die Mittelstufe.
Die haben's drauf.

Deutsch

- **Vorsicht Fehler!** (Bd. 535)
  200 typische Deutschfehler
- **Grammatik – verstehen, üben, beherrschen!** 7./8. Klasse (Bd. 514)

  Richtig schreiben leicht gelernt (Bd. 12)
  Rechtschreibung für die 7.–9. Klasse

  Aufsatzschreiben
- **Teil 1:** Inhaltsangabe, Charakteristik, Referat
  8.–10. Klasse (Bd. 519)
- **Teil 2:** Gedichtinterpretation, Erörterung
  8.–10. Klasse (Bd. 520)
- **Neue Rechtschreibung spielerisch**
  CD-ROM (ISBN 3-580-63534-4)

Englisch

- **Vorsicht Fehler!** (Bd. 560)
  200 typische Englischfehler

  Keep it up! 1 + 2 (Bd. 87 und 88)
  Ein Übungsbuch für die 7./8. Klasse

  The Final Touch, 1 + 2 (Bd. 89 und 90)
  Englische Grammatik für die 9./10. Klasse

Französisch

- **Vorsicht Fehler!** (Bd. 585)
  200 typische Französischfehler

  Ça alors! 1–4 (Bd. 95, 96, 97 und 98)
  Ein Grammatik-Übungsprogramm

Latein

Grammatik mit Spaß! (Bd. 80)
Satzbau mit System (Bd. 81)

- in neuer Rechtschreibung

Mathematik

Algebra für die 7./8. Klasse
- **Teil 1:** Brüche, Zinsen u. a. (Bd. 620)
- **Teil 2:** Binome, Stochastik u. a. (Bd. 621)

Geometrie für die 7./8. Klasse
- **Teil 1:** Grundkonstruktionen u. a. (Bd. 625)
- **Teil 2:** Dreieck, Flächen u. a. (Bd. 626)

Algebra für die 9./10. Klasse
Teil 1: Gleichungen u. a. (Bd. 39)
Teil 2: Höhere Funktionen u. a. (Bd. 40)

Geometrie für die 9./10. Klasse
Teil 1: Zentrische Streckung u. a. (Bd. 44)
Teil 2: Trigonometrie u. a. (Bd. 45)

Biologie

Humanbiologie (Bd. 64)

Physik

Physik in der Mittelstufe
- **Teil 1:** Mechanik, Flüssigkeiten und Gase, Wärmelehre, Akustik (Bd. 660)

  Teil 2: Optik, Magnetismus, Elektrizitätslehre (Bd. 61)

  Teil 3: Elektronik, elektromagnetische Schwingungen, Atom- und Kernphysik (Bd. 62)

Chemie

Allgemeine und anorganische Chemie (Bd. 70)

Organische Chemie (Bd. 72)

Die HELFER des STUDIENKREISES bei Mentor:
Fragen Sie in Ihrer Buchhandlung danach.

Mentor
Eine Klasse besser.